# 医疗保险中的道德风险

艾米·芬克尔斯坦（Amy Finkelstein）
肯尼斯·阿罗（Kenneth J. Arrow）
［美］乔纳森·格鲁伯（Jonathan Gruber）◎著
约瑟夫·纽豪斯（Joseph P. Newhouse）
约瑟夫·斯蒂格利茨（Joseph E. Stiglitz）

朱凤梅◎译

MORAL HAZARD
IN HEALTH INSURANCE

中信出版集团 | 北京

图书在版编目（CIP）数据

医疗保险中的道德风险 /（美）艾米 · 芬克尔斯坦等著；朱凤梅译 . -- 北京：中信出版社，2019.1
书名原文：Moral hazard in health insurance
ISBN 978-7-5086-7560-2

Ⅰ . ①医… Ⅱ . ①艾… ②朱… Ⅲ . ①医疗保险－保险制度－研究－美国 Ⅳ . ① F847.126.13

中国版本图书馆 CIP 数据核字（2018）第 258232 号



医疗保险中的道德风险

著　　者：[美] 艾米 · 芬克尔斯坦等
译　　者：朱凤梅
出版发行：中信出版集团股份有限公司
（北京市朝阳区惠新东街甲 4 号富盛大厦 2 座　邮编　100029）
承 印 者：三河市西华印务有限公司

开　　本：787mm×1092mm　1/16　　印　张：9.25　　字　数：80 千字
版　　次：2019 年 1 月第 1 版　　印　次：2019 年 1 月第 1 次印刷
京权图字：01-2015-7450　　广告经营许可证：京朝工商广字第 8087 号
书　　号：ISBN 978–7–5086–7560–2
定　　价：38.00 元

# 肯尼斯·阿罗讲座系列

在过去的六十年里，肯尼斯·阿罗的研究对经济学课程的形成和发展产生了深远的影响。从某种意义上讲，当代经济学家都是他的学生。他的思想、研究风格以及视野的广度都是当前一代代最大胆、最具有创造和创新精神的经济学家的先驱和典范。他的开创性贡献包括一般均衡理论、社会选择理论和内生增长理论。肯尼斯·阿罗讲座系列由全球思想委员会（Committee on Global Thought）和经济研究项目（Program for Economic Research）支持举办，邀请的经济学家包括诺贝尔经济学奖得主以及做出开创性研究的青年学者，后者的研究获得阿罗奖学金支持并受阿罗创新精神的影响。这本书是哥伦比亚大学阿罗荣誉讲座系列的扩展。

# 目　录

# 总　序

作为 CIDEG 文库的主编，我们首先要说明编纂这套丛书的来龙去脉。CIDEG 是清华大学产业发展与环境治理研究中心（Center for Industrial Development and Environmental Governance）的英文简称，成立于 2005 年 9 月的 CIDEG，得到了日本丰田汽车公司提供的资金支持。

在清华大学公共管理学院发起设立这样一个公共政策研究中心，是基于一种思考：由于全球化和技术进步，世界变得越来越复杂，很多问题，比如能源、环境、公共卫生等，不光局限在科学领域，还需要其他学科的研究者参与进来，比如经济学、政治学、法学以及工程研究等，进行跨学科的研究。我们需要不同学科学者相互对话的论坛。而且，参加者不应仅仅来自学术圈和学校，也应有政府和企业家。我们希望把 CIDEG 办成类似斯坦福大学著名的公共经济政策研究中心（Stanford Institute of Economic Policy Research，SIEPR）那样，对能源、环境问题进行经济和政策上的分析。我们认为，大学应该关注基础研究，大学的使命是创造知识，在深层知识的产生上发挥作用。而产业部门的任务是把技术成果商业化，大学和产业之间的连接非常重要。但与此同时，我们不应忘记政府的角色，特别是对于一个发展中的转轨国家，政府职能的定位和边界至关重要。CIDEG 的目标是致力于“制度变革与协调发展”、“资源与能源约束下的可持续发展”和“产业组织、监管及政策”为重点的研究活动，为的是提高中国公共政策与治理研究及教育水平，促进学术界、产业界、非政府组织及政府部门之间的沟通、学习和协调。

2005 年 9 月 28 日 CIDEG 召开了“中国的可持续发展：产业与环境”的首届国际学术研讨会，会议的主题正是中国当今的产业和环境状况。

中国的改革开放已经有几十年历程，它所取得的成就令世人瞩目，它为全世界的经济增长贡献了力量，特别是当其他一些欠发达国家经济发展停滞不前的时候。不过，中国今后是否可持续增长，却是世界上许多人所关注的问题，因为在中国取得巨大成绩的同时，还面临着诸多挑战：资源约束和环境制约，腐败对经济发展造成的危害，糟糕的金融服务体系，远远不足的自主创新能力，以及为构建一个和谐社会必须面对的来自教育、环境、社会保障和医疗卫生等方面的冲突。这些挑战和冲突正是 CIDEG 将开展的重点研究课题。

中国发布的“国民经济和社会发展‘十一五’规划纲要”提出了对发展模式的调整，号召用科学发展观统领全局，坚持以人为本转变发展观念、创新增长模式、提高增长质量，把经济社会发展切实转入全面协调可持续发展的轨道。这也为 CIDEG 的研究工作的开展提供了一个更有利的前景。

而中国对环境治理方面的研究显然刚刚开始，中国近年能源消耗的速度远高于实际经济增长速度，这种增长是不可能长时间持续的。最近《京都议定书》开始生效，哪些公共政策措施可以控制二氧化碳和其他污染气体的排放？建立一个排放权的市场是否对控制尾气排放有效？如何资助新环境技术的进步？这些问题不仅需要技术知识，也需要经济学素养。而建立一个环境监管体系，就不仅涉及法律问题和技术问题，更需要对广泛社会问题的考量。环境污染背后的实质是社会成本和价值的重新分配问题，因而要从社会系统的角度考虑环境监管。并且从发展的角度来看，中国环境污染的源头在发生改变，监管体系也就应该随之改变。

还有公共卫生问题，比如SARS、疟疾、艾滋病等，这是全球化的另一面。人口流动性的增加加快了疾病传播，如何控制这些病的流行，不仅需要医生的合作，而且涉及许多移民的工作、生活和环境等问题。我们会面对许多类似的公共政策问题，解决方法要看历史因素和经济发展水平，因此，就要进行国际比较研究。

中国是独特的。但是，由于中国也曾经是一个中央计划经济国家，有些研究需要与过去同是计划经济的中欧和独联体国家相比较。与此同时，日本、韩国、中国和中国台湾有一些共同的特征，在开始阶段农村人口都占很大比重，传统社会规则是农业社群中的人际关系生发出来的。这些社会关系不可能一夜之间改变，这种发展形式和西方经济的发展很不一样，也与俄罗斯等国不太一样。所以，在面对这些既有共同点又有独特性的问题时，比较研究会很有意思。虽然受制于不同的制度框架，但问题是共同的，比如社会保障、养老金问题、环境问题等。关于社会保障制度的设计，我们可以从新加坡、瑞典和其他国家学到许多经验。在经济高速增长带来的与环境的社会冲突方面，我们可以从日本 20 世纪 60 年代后期的环境立法、产业发展协调中学到许多教训和经验。所以，对产业发展和环境治理的研究应该是全球化的。

比较经济制度分析是一种概念工具，有助于理解不同经济制度如何演化。不同制度可能会融合，可能会继续保持差异。产业发展和环境治理政策不一定是普遍适用的，在某些国家可能容易实施，其他国家也许不行，但不同国家之间的交流非常重要。充分利用国际上已有的研究成果，收集和整理这些成果以做进一步的交流，是十分可取的途径。

正是在这一意义上，比较、借鉴和学习也成为 CIDEG 学术活动中的一项重要内容。根据 CIDEG 理事长陈清泰的倡议，我们决定翻译并出版这套“CIDEG 文库”，介绍不同国家是怎样从农业国家发展为现代国家的；在经济高速发展阶段，是如何处理与环境的矛盾的。这套丛书的内容选择非常宽泛，从学术的到非学术的都在其内，目的就是给中国的读者——学生、学者、官员和企业家以及所有对此有兴趣的人提供更多的信息与知识。CIDEG 理事和学术委员为文库提供了第一批书目，并成立了编委会，今后我们还会陆续选择适当的图书编入文库。为此，我们感谢提供出版书目的CIDEG理事和学术委员，以及入选书籍的作者、译者和编辑们。

青木昌彦

吴敬琏

2006年4月10日

# 前　言

约瑟夫·斯蒂格利茨

这本书的成稿源自 2012 年 4 月份举办的第五年度肯尼斯·阿罗的主题讲座。这一系列讲座是为了纪念哥伦比亚大学最优秀的毕业生肯尼斯·阿罗而举办的。每年的讲座主题都集中于他众多开创性研究之一的学术发展情况。而在过去六年里，讲座系列涵盖了大量的主题，当然，这些主题都与阿罗的研究内容有关。这本书正是阿罗讲座系列之一。

在这之前，第一次讲座的演讲者是我和布鲁斯·格林沃尔德，演讲的主题是阿罗 1962 年提出的“干中学”。[①] 讲

① Arrow, Kenneth J. “The economic implications of learning by doing.” *The Review of Economic Studies* (1962): 155 – 173.

座内容于2014年由哥伦比亚大学出版成书，书名为“创建学习型社会：关于增长、发展和社会进步的新方法”（*Creating a Learning Society*：*A New Approach to Growth*，*Development*，*and Social Progress*）。

第二次讲座的演讲者是诺贝尔经济学奖得主埃里克·马斯金和阿玛蒂亚·森，[①] 演讲的主题是阿罗的博士论文《社会选择与个人价值》（*Social Choice and Individual Values*）（1951年出版）。在马斯金和森讲座系列的基础上形成了第二本书《阿罗不可能定理》（*The Arrow Impossibility Theorem*，2014）。

而基于何塞·施可曼的讲座则形成了第三本书《投机、交易与泡沫》（*Speculation*，*Trading*，*and Bubbles*，2014）。就是在这第三次讲座中，施可曼在阿罗一般均衡理论研究的基础上提出了阿罗－德布鲁证券的概念，彻底颠覆了大家对金融市场的思考。

第四次讲座有关全球变暖，阿罗对这一主题很有兴致。他曾与我一起在国际气候变化专门委员会第三小组工作过（1995年气候评价），我们以及工作组的其他同事一起写了一篇不确定性因素对贴现率影响的文章，考虑全球变暖的

---

① 肯尼斯·阿罗于1972年获诺贝尔经济学奖，阿玛蒂亚·森于1998年获诺贝尔经济学奖，埃里克·马斯金于2007年获诺贝尔经济学奖。

未来成本。[1] 帕萨·达斯古普塔爵士的讲座“气候变化福利经济学中的人与时间”进一步为应对全球变暖带来的威胁做出了研究。(第六次阿罗讲座的演讲者克里斯蒂安·戈利耶也考虑了贴现经济学。)

本卷介绍的是第五次阿罗讲座，演讲者艾米·芬克尔斯坦，是全美杰出的卫生经济学家之一，也是约翰·贝茨·克拉克奖得主（阿罗 1957 年获此殊荣，芬克尔斯坦2012 年获得)。讲座涉及的是阿罗另一篇发表于 1963 年的经典文章《医疗保健中的不确定性和福利经济学》。阿罗在这篇文章中分析了医疗保险中道德风险的含义——目前这一概念尚未进入主流经济学文献的范畴。

其中一个原因是，标准竞争模型没有提供一个很好的描述保险市场道德风险的方法。事实上，保险条款降低了避免保险事故发生的激励[2]（另一个原因是逆向选择，他在 1965 年 Jahnsson 讲座中的演讲“风险承担的几个理论”强调了两者的重要性)。阿罗 1963 年的那篇文章不管是对（医疗）保险经济学，还是对道德风险的理论来说都具有开

① Published as Arrow, K. J., W. R. Cline, K. G. Mäler, M. Munasinghe, R. Squitieri, and J. E. Stiglitz, 1996: “Discounting.” In: *Climatic Change 1995: Economic and Social Dimensions of Climate Change, Second Assessment of the Intergovernmental Panel on Climate Change* [Bruce, J. P., H. Lee, and E. F. Haites (eds.)]. Cambridge University Press, Cambridge and New York, pp. 129 – 144.

② 道德风险的极端形式是行为人促成保险事故的发生。

创性贡献。极大地推动了两者研究文献的进展。我们非常高兴的是，其中一个对此研究文献有重要贡献的年轻学者接受了我们的邀请，来为我们做第五次阿罗讲座。

阿罗提出的有关医疗保险的提供问题依然是我们今天政策改革关注的核心内容之一。在《奥巴马医改法案》（Affordable Care Act，又称《平价医疗法案》）通过之前，超过5000万[①]美国人没有任何医疗保险。医疗保险的缺失成为美国卫生绩效较差的主要原因。

讲座为我们提供了一个连接政策问题和基本经济学研究的机会。

艾米·芬克尔斯坦是麻省理工学院的经济学教授，美国国民经济研究局（NBER）公共经济学项目负责人，也是《公共经济学杂志》（*Journal of Public Economics*）的编辑。她在公共财政和卫生经济学上的研究重点是市场失灵，保险市场上的政府干预，以及公共政策在医疗卫生部门的影响。

本书不仅包括艾米的演讲内容也包括其他评论人的评论。第一位评论人是乔纳森·格鲁伯，他是麻省理工学院经济学教授和国民经济研究局公共经济学项目负责人。他长期从事卫生经济学方面的研究，并因此获得了诸多奖项，

---

① U. S. Census Bureau. "Income, Poverty, and Health Insurance Coverage in the United States: 2009," Table 8, Issued in September 2010.

包括2006年美国卫生经济学家协会颁发给40岁及以下最杰出卫生经济学家的入职奖，以及2012年国家卫生保健管理基金会颁发的卫生保健研究奖。他亦曾担任财政部经济政策副助理秘书长，参与马萨诸塞州医疗卫生改革的重要工作，而我们知道马萨诸塞州医疗改革是《奥巴马医改法案》的原型。

第二位评论人是阿罗自己。阿罗演讲中一个精彩部分是他欣然同意发表评论，这是一个激动人心的时刻。因为这不仅能让我们了解到他是如何思考许多年前的问题，又是如何看待随后几十年来的争论。

我是第三位评论人。

除此之外，约瑟夫·纽豪斯对本次讲座做了介绍，为接下来的讨论环节提供了背景。纽豪斯是著名的兰德医疗保险实验和俄勒冈医疗保险实验的项目参与人之一，艾米也在本书的后面提到。2014年，他获得了由美国卫生经济学家协会颁发的维克托·福克斯（Victor R. Fuchs）终身成就奖，以表彰他在卫生经济学领域的开创性研究。

感谢哥伦比亚大学出版社，经济学研究项目，以及全球思想委员会对阿罗讲座系列的大力支持，还有组织本次活动的劳拉·莫里森（Laura Morrison）、萨莎·德沃格尔（Sasha de Vogel）和罗宾·斯蒂芬森（Robin Stephenson）。

特别感谢肯的出席，感谢艾米和乔纳森的研究分享。

# 导 言

约瑟夫·纽豪斯

每学年，我都会给研究生二年级的学生上一个学期的卫生经济学课程。这门课的经典文献阅读部分就涉及卫生经济学的两篇开创性文章：肯尼斯·阿罗的《医疗保健中的不确定性和福利经济学》（Arrow，1963），以及迈克尔·格罗斯曼的《健康需求：一个理论与经验研究》（Grossman，1972）。[①] 这两篇文章主导了当前卫生经济学文献研究的两大浪潮。阿罗的文章带来了医疗服务和健康保险市场

① 阿罗的这篇《医疗保健中的不确定性和福利经济学》是他 ISI 引文索引中排名第二的论文，仅次于 1962 年发表的关于“干中学”的论文。

运作文献的研究；[①] 格罗斯曼的文章则带来了学术界对人口健康状况的影响因素研究，但影响因素只有一个，那就是阿罗和格罗斯曼都强调的医疗保健。

阿罗 1963 年那篇文章的现实背景是随着医疗临床技能的日益提高，医疗服务对经济资源的诉求加速。[②] 在一般均衡理论的经济学背景下，考虑的是竞争性均衡的存在和特征（Arrow and Debreu，1954）。竞争性市场效率的严格要求是：对于所有产品存在这样一个市场，即包括市场风险，成本和收益信息可得。阿罗关注的是医疗市场的缺陷，特别是不完全竞争市场中的风险分担，以及医生、患者和潜在保险公司面对的不完全信息。

阿罗强调不存在能防范所有医疗风险的市场，部分原因是消费者考虑的是能够从就诊医生那里获得有关医疗问题的信息以及恰当的治疗。由于不可能列举出所有可能的突发事件，以及所需支付的金额，保险合同也不可能规定具体的赔付额。换句话说，防范这些风险的市场不存在，也就达不到有效率的结果。此外，阿罗认为那些靠个人职

① 此外，“健康”保险的叫法显得不太合宜，因为它实际上提供的是对医疗服务费用的财务保护，而非对健康的保护，但“医疗保险”不如“健康保险”朗朗上口。

② 1965 年联邦医疗保险（Medicare）和联邦医疗补助（Medicaid）的成立只是提高了这篇文章的实用性。

业道德建立起来的非市场机构减轻了因抵御风险市场的缺失而带来的福利影响，并带来了福利的改进。

阿罗对信息和不确定性的关注引起了医疗卫生经济学界两种不同的文献研究方向。第一种文献研究考虑个人或小团体保险市场中选择的影响，以乔治·阿克洛夫、迈克尔·罗斯柴尔德和约瑟夫·斯蒂格利茨为代表（Akerlof，1970；Rothschild and Stiglitz，1976）。第二种文献研究则考虑道德风险，这是艾米·芬克尔斯坦本书中的重点。针对阿罗文章中讨论道德风险的部分，马克·保利（Mark Pauly）在评论中将之解释为“患者医疗服务需求对个人自付价格的反应”。这句评论无疑是最有名的，也是卫生经济学文献引用最多的。

我个人对道德风险的实证评估感兴趣是在我研究生毕业的那年，也正是保利评论和阿罗回应发表的那年（Arrow，1968）。出于这个兴趣我发起了兰德医疗保险实验，艾米会在之后的章节中有所提及。作为兰德实验研究的一部分，阿罗的另外两篇文章（Arrow，1974，1976）[①] 却很少有人知道。我们最初的研究结果表明：在假定效用不具有状态依存性（state dependent），以及保险防范健康风险带来的货

① 这两篇文章可在兰德网站（www. rand. org）查看，分别是兰德报告第 R-1108 号和第 R-1281 号。

币损失是固定的情况下，如果保险不存在精算公平，最优的医疗保险合同是免赔额以上保险全覆盖。

阿罗的一般性结论之一是允许消费者的效用取决于他或她的健康状况。这不出意料会带来这样的结论：最优免赔额会因边际效用的不同而不同，而边际效用与健康状况的变化有关。值得一提的是，艾米对这一问题做出了实证性研究。其实证研究的结果表明，状态依存平均为负意味着在给定的财富水平下，健康风险倾向于降低货币的边际效用（Finkelstein、Luttmer and Notowidigo，2009）。

阿罗的第二个一般性结论源于其观察到20世纪60年代的保险政策并不符合阿罗最优政策。例如，当时的保险除了设定免赔额外，还经常规定被保险人自付比例。[①] 随后，阿罗便开始研究这类保险合同可能产生的福利后果。他指出，随着自付比例的提高，个人更有激励减少医疗服务开支，但同时要承担更多的风险，两者之间如何权衡是理查德·泽克豪泽（Zeckhauser，1970）强调的重点。然而，当时大家对自付比例的改变如何影响医疗消费支出以及道德风险了解甚少。这些问题不管是从卫生经济学实证的角度

---

① 对最优保险政策的更显著的偏离是对保险公司的赔付额规定上限，年付额上限，或生命周期赔付额上限，或两者同时规定上限。2010年《奥巴马医改法案》将这类限制视为非法。

还是作为规范性的问题都有待进一步研究。艾米在下一章中对此有很好的讨论。

接下来，我想对艾米有关道德风险的文献讨论提出三点个人看法。

第一，传统教科书上对道德风险的讨论通常基于线性需求曲线假设，保险作为一种补贴进入分析范式；界定和说明“无谓损失”，并给出一些概要性数字，如价格弹性为 -0.2。在我看来，这种讨论方法在三个方面有待改进。第一方面仅是表述上的，另两方面涉及道德风险对福利结果的实质影响。

这是因为，弹性是经济学家喜欢并用来衡量需求对价格变化敏感度的指标。它们可以在不同市场间进行比较。艾米的实证研究结论之一就是医疗服务需求的价格弹性为 -0.2 左右。尽管弹性是经济学文献中广为接受的反映价格变化敏感度的指标，但我认为，弹性在医疗保险中并不一定适用，甚至可能起到误导的作用。

具体来说，医疗保险通常会在一定的服务量上把个人自付的价格降到最低甚至免费。对此是否可行，在美国以外的一些国家争论颇多。在零自付比例或低成本负担比例的情况下，我认为解释需求对成本分担比例变化的反应最好是用需求数量上的变动百分比，而不是弹性。从零自付比例（免费医疗）到正自付比例的变动弧弹性总是用总数量变化的一半来定义。因此，在这种极端情况下，数量的变化是弹性的充分统计量，弹性不会提供更多的信息。而在不太极端的情况下，如药品自付费用从5美元增长至10美元，价格变动的百分比很大，即使数量上的巨大改变也会使得弹性看起来很小。

例如，对许多经济学家来说，-0.2的弹性意味着需求对价格变化不敏感。但是，如果我们用需求减少40%来表示需求对自付比例变动的反应，大多数人则会认为需求对价格的反应是敏感的。由于弹性的估计通常来自未保险的情形，而经济学家对弹性的直觉认识在医疗保险领域可能会造成误导。基于此，当我们讨论兰德实验的结果时，我个人提出用百分比的变动而不是弧弹性来表示价格（自付比例的高低）对需求的影响。这不仅对非专业性人员来说更便于理解，对经济学家来说也更便于得出成本分担机制重要性的结论。[①] 这是我对传统教科书提出的第一个需要完善的建议。

第二，更实质性的问题涉及需求曲线的规范性意义。卫生经济学教科书对无谓损失（或福利净损失）的讨论通

① 对价格弹性赋予一个汇总统计值，也有进一步的潜在问题，即需求函数可能没有不变弹性；实际上，线性需求曲线就没不变弹性。

常用需求曲线来表示人们在医疗服务和其他商品及服务间消费的边际替代率。事实上，这暗含着对无谓损失的定义，也是保利对阿罗文章进行评论的核心（Pauly，1968）。为了回应保利的这一质疑，阿罗提出了一个更为微妙的观点，即人们不应以通常的方式来解释需求曲线。尽管其他人引出医生代理人的问题，但也没有对需求曲线提出规范性的意义，罗伯特·埃文斯是这一观点的代表（Evans，1974）。

乍一看，兰德实验的结果似乎验证了教科书的观点。保险的不断完善会大幅提高人们对医疗服务的需求，尽管那些高血压的低收入人群血压控制得并不好，但对人均健康水平并没有显著影响——对他们预测死亡率的降低具有很显著的影响（Newhouse and the Insurance Experiment Group，1993）。这似乎表明，这些人额外多获得的医疗服务对他们自身来说并没有多大的价值，这与无谓损失的标准讨论一致。然而，这样解释兰德实验的结果未免太过简单。

兰德实验另一个发现是，个人支付价格的变动会影响医疗服务的有效使用。但是，如果成本分担会导致有效服务使用的减少，为什么对人均健康水平没有影响？虽然有人认为测量误差有可能引起这种无效的结果，但是不存在健康效应的置信区间是很窄的。在我看来，对此的解释不是测量误差，而是那些免费额外医疗服务对某些人的健康有正效应，对其他人则表现为负效应，正负相抵。这与额外医疗服务的获得对低收入人群、慢病患者具有较高的正效应的研究相一致。也与兰德实验中65岁以下生活在社区的人群往往拥有良好的健康水平的研究结果相一致。结果是，额外边际医疗服务能够带来健康水平改善的概率正好与健康水平恶化的概率相抵消。随着时间的推移以及有关医疗差错和医疗服务质量较差方面的证据不断累积，我对上述解释越发确信（Institute of Medicine，1999，2001；McGlynn et al.，2003）。如果这种解释是正确的，传统教材对道德风险造成无谓损失的处理将是有问题的。因为，传统教材通常的解释意味着消费者不应该消费预期价值为负的服务，即教材上的需求曲线不会延伸到水平坐标轴以下。

第三点是关于完善标准教科书的讨论。我们要识别交叉价格效应，特别是一些服务的低价格有可能降低整体支出水平。比如，药品的自付费用较低带来药物治疗的依从性上升，从而反过来降低住院人次（Newhouse，2006；Ellis and Manning，2007；Goldman and Philipson，2007；Choudhry et al.，2011；Glazer and McGuire，2012）。然而，这一效果与传统福利经济学有点不一致。在有些情况下，医疗费用支出的产生是遵医嘱的结果，如对于带有严重副作用的药品，降低依从性具有合理性；但在很多情况下，诸如双曲贴现这类行为经济学理论或许能够更好地解释缺乏依从性的问题。后者也适应于教材中关于无谓损失的讨论。

下一章，艾米对道德风险的研究现状做了非常好的总结。但有关道德风险的许多问题仍有待研究和发现，这对于那些当前正在从事卫生经济学研究的人来说是件幸运的事情。其中一个重要问题是，选择性地降低特定医疗服务保险支付后价格或个人自付比例是否会诱导人们使用更多的有效医疗服务，减少无效医疗服务的使用，从而达到增进福利的目的（Pauly and Blavin，2008）。可想而知，对这一问题的解答过程是枯燥的，甚至不算是智力上的大突破，但无疑会产生巨大的社会价值。除此之外，代理人问题也值得研究，即在不同的医疗服务支付方式（按服务付费或按人头支付）下，医生和其他医疗服务提供者会对此做出何种反应？一般来说，医生和医生集团对经济激励的反应程度取决于医疗保险如何支付，包括医生集团的最优风险值，以及正在执行的相对价格体系（如联邦医保支付列表）中的相对价格是什么样的。这都可以被看成是道德风险问题，或者说供方的道德风险问题（Ellis and McGuire，1986）。目前，各国都在为医疗保健支出能获得更大的价值而努力，因此，上述问题的研究也更为值得关注。

## 参考文献

Akerlof, George. 1970. "The Market for 'Lemons': Qualitative Uncertainty and the Market Mechanism." *Quarterly Journal of Economics* 74(3):488–500.

Arrow, Kenneth J. 1962. "The Economic Implications of Learning-by-Doing." *Review of Economic Studies* 29(3):155–73.

Arrow, Kenneth J. 1963. "Uncertainty and the Welfare Economics of Medical Care." *American Economic Review* 53(5):941–73.

Arrow, Kenneth J. 1968. "The Economics of Moral Hazard: Further Comment." *American Economic Review* 58(3, part 1):537–9.

Arrow, Kenneth J. 1974. "Optimal Insurance and Generalized Deductibles." *Scandanavian Actuarial Journal* 1:1–42.

Arrow, Kenneth J. 1976. "Welfare Analysis of Changes in Health Coinsurance Rates." In *The Role of Health Insurance in the Health Services Sector*, ed. Richard N. Rosett. New York: Neale Watson Aademic Publications.

Arrow, Kenneth J., and Gerard Debreu. 1954. "Existence of an Equilibrium for a Competitive Economy." *Econometrica* 22(3):245–90.

Choudhry, Niteesh K., Jerry Avorn, Robert J. Glynn, et al. 2011. "Full Coverage for Preventive Medications after Myocardial Infarction." *New England Journal of Medicine* 365(22):2088–97.

Ellis, Randall P., and Thomas G. McGuire. 1986. "Provider Behavior under Prospective Reimbursement." *Journal of Health Economics* 5(2):129–51.

Ellis, Randall P., and Willard G. Manning. 2007. "Optimal Health Insurance for Prevention and Treatment." *Journal of Health Economics* 26(6):1128–50.

Evans, Robert G. 1974. "Supplier Induced Demand: Some Empirical Evidence and Implications." In *The Economics of Health and Medical Care* (pp. 162–73), ed. Mark Perlman. New York: Macmillan.

Finkelstein, Amy N., Erzo Luttmer, and Matthew Notowidigo. 2009. "Approaches to Estimating the Health State Dependence of the Utility Function." *American Economic Review* 99(2):116–21.

Glazer, Jacob, and Thomas G. McGuire. 2012. "A Welfare Measure of 'Offset Effects' in Health Insurance." *Journal of Public Economics* 96(5–6):520–23.

Goldman, Dana P., and Tomas J. Philipson. 2007. "Integrated Insurance Design in the Presence of Multiple Medical Technologies." *American Economic Review* 97(2):427–32.

Grossman, Michael. 1972. *The Demand for Health: A Theoretical and Empirical Investigation*. New York: Columbia University Press.

Institute of Medicine. 1999. *To Err Is Human*. Washington, D.C.: National Academy Press.

Institute of Medicine. 2001. *Crossing the Quality Chasm: A New Health System for the 21st Century*. Washington, D.C.: National Academy Press.

McGlynn, Elizabeth, Steven M. Asch, John Adams, Joan Keesey, Jennifer Hicks, Alison DeCristofaro, Eve A. Kerr. 2003. "The Quality of Health Care Delivered to Adults in the United States." *New England Journal of Medicine* 348(26):2635–45.

Newhouse, Joseph P. 2006. "Reconsidering the Moral Hazard-Risk Aversion Tradeoff." *Journal of Health Economics* 25(5):1005–14.

Newhouse, Joseph P., and the Insurance Experiment Group. 1993. *Free For All: Lessons from the Health Insurance Experiment*. Cambridge, Mass.: Harvard University Press, 1993.

Pauly, Mark V. 1968. "Comment." *American Economic Review* 58(3): 531–7.

Pauly, Mark V., and Frederic E. Blavin. 2008. "Moral Hazard in Insurance, Value-Based Cost Sharing, and the Benefits of Blissful Ignorance." *Journal of Health Economics* 27(6):1407–17.

Rothschild, Michael, and Joseph Stiglitz. 1976. "Equilibrium in Competitive Insurance Markets: An Essay on the Economics of Imperfect Information." *Quarterly Journal of Economics* 90(4):629–50.

Zeckhauser, Richard J. 1970. "Medical Insurance: A Case Study of the Tradeoff between Risk Spreading and Appropriate Incentives." *Journal of Economic Theory* 2(1):10–26.

# 医疗保险中的道德风险

## ——自阿罗（1963）以来的发展

艾米·芬克尔斯坦

我非常荣幸能于2012年4月在哥伦比亚大学做第五次阿罗系列讲座。当我起初被邀请做一场有关卫生经济学方面的讲座时，我认为这是一件很容易的事。但事实上并非如此。阿罗1963年写过一篇题为“医疗保健中的不确定性和福利经济学”的开创性文章。我原计划是谈谈这篇文章是如何形成的以及它对日后卫生经济学这个分支领域的影响。当我重读这篇文章的时候，我惊奇地发现，卫生经济学领域在过去半个世纪所发生的一切都可以追溯到这篇文章。这也使我意识到了一个问题：我仅仅有50分钟来讨论这篇文章，但我讲不了那么快！

因此，我决定只就阿罗这篇文章中的一个方面谈谈：道德风险的经济学。这也是我过去若干年来一直研究的内容。

为了更好地理解这个主题，我们有必要先来了解一下有关美国医疗卫生体系的两组事实数据：一是，在美国，接近4 600万人（约占总人口的15%）没有医疗保险。二是，卫生保健支出占GDP的比重由1960年的5%上升至2012年的17%。其中，2012年卫生保健支出占联邦预算支出的比例高达20%。且联邦支出增长的原因主要是用于公共医疗保险的投入，特别是用于Medicare（联邦医疗保险）和Medicaid（联邦医疗补助）的支出（国会预算办公室，2012）。

《奥巴马医改法案》针对这两方面进行医疗卫生改革就不足为奇了。法案致力于扩大医疗保险的覆盖面以及控制卫生保健支出的过快增长。但这两个目标之间存在矛盾，实现第一个目标必然会加剧第二个问题的严重性。为什么会这样？这就涉及本文的主题，即医疗保险中的道德风险问题。

据我所知，阿罗1963年的这篇文章是首篇介绍道德风险和医疗保险的学术参考文献。阿罗把医疗保险中的道德风险定义为“医疗保险增加了人们对医疗服务的需求”

（Arrow，1963，第961页）。在其文末，他提出了后续研究的挑战。他说（我本人很喜欢这段话）：

> 本文的讨论不是为了得出不确定性的结论，而是抛砖引玉，启发更多的讨论。尤其是，要谨慎给出政策建议，因为政策建议在很大程度上还需要未来的进一步研究。本文的目的只是提供一个研究框架。

事实上，确实如此。我想探讨的就是阿罗50年前留下的挑战。特别是，阿罗讨论的关于道德风险的不同经验挑战。一是现存的问题，道德风险的概念是否与经验相关？对医疗保健的需求是否真的对价格敏感？二是关于政策建议的挑战：即如何去评估其他可替代性的医疗保险政策或合同对卫生支出增长的影响？

## 医疗保健需求是否具有价格敏感性？

当我们提到“道德风险和医疗保险”时意味着什么？阿罗将之定义为医疗保险增加了人们对医疗服务的需求。

针对个中缘由，已有的研究文献主要存在两种观点。一种观点是由埃利希和贝克尔（Ehrlich and Becker，1972）提出的事前道德风险问题。即当一个人看病的医疗费用账单由医疗保险公司支付，也就是说，财务后果由别人承担时，个人没有激励维持健康。诸如，一个人在选择吃吃喝喝的同时，还有可能抽更多的烟、喝更多的酒，并减少运动等。一种观点则是由马克·保利（Pauly，1968）正式提出的事后道德风险问题。这种观点假设不考虑医疗保险对我们健康投资的影响，而仅仅考虑既定的健康状况。那么，在既定的健康水平下，事后道德风险表达的是，由于医疗保健价格的降低，患者选择消费更多医疗服务。这是一种有关需求曲线以及医疗需求价格敏感性的问题。

因此，绝大多数文献研究倾向于采用第二个定义，即道德风险和医疗保险意味着医疗服务需求的价格敏感性，而不是医疗保险对一个人健康投资的影响。接下来的演讲内容，我将重点放在需求的价格敏感性上。

对于医疗服务的需求是否对价格敏感，一方面，这看起来很像需求曲线的自然属性：当价格降低，人们的购买数量上升。然而，一种观点坚持认为医疗服务不是由价格而是由需求决定的。对此，我引用马尔科姆·格拉德威尔最近发表在《纽约客》上一篇题为“道德风险神话”（the Moral-Hazard Myth）的文章进行描述：

> 只有当我们像消费其他消费品一样消费医疗服务时，道德风险的说法才是有道理的。但对约翰·尼曼

（John Nyman）这样的经济学家来说，这种假设显然是荒谬的。我们只有生病了，才会去看医生。

普林斯顿的经济学家乌维·莱因哈特（Uwe Reinhardt）也认为“道德风险被夸大了”。“你总是能听说人们对医疗服务的需求是无限的，但这并不是真的……人们真的喜欢去看医生吗？他们愿意选择在医院做检查而不是打高尔夫？”（Gladwell，2005）

假如这是一种修辞性说法，那么证据何在？这显然是一个实证性问题：即当人们拥有健康保险的时候，他们会消费更多的医疗服务从而增加医疗保健支出吗？从经验上说，这个问题具有挑战性。

我们不只是去比较有保险和没有保险的人，去看是否有保险的人比没有保险的人花费更多。这是因为，有保险的人与没有保险的人之间是有差异的，包括收入、就业、健康状况等。他们的收入、就业和健康状况的不同与医疗保健需求的不同之间具有相关性。基本的逆向选择理论表明，不太健康的人更有可能购买医疗保险（Akerlof，1970；Rothschild and Stiglitz，1976）。

事实上，如果我们对这些数据做交叉表格处理，就很容易发现其中存在的道德风险：那些有医疗保险的人比没有医疗保险的人在医疗保健上花费更多。同时，我们也会很快发现医疗保险看起来就像在杀人，因为那些有医疗保险的人死亡率远高于没有医疗保险的人。那么，通过这些可观察到的对比，我们能对医疗保险的影响做出怎样的推断？

马尔科姆·格拉德威尔等人提出，检验原假设理想的方法是做随机对照实验，在随机对照实验中，通过把不同的保险情况随机分配给不同的人，消除由于选择问题带来的影响，使研究人员能够推断出实验组（有医疗保险）的结果。

## 俄勒冈医疗补助实验

值得注意的是，在美国只有两个关于医疗保险的随机对照实验。

其中一个是20世纪70年代开始的兰德医疗保险实验，另一个是我在哈佛公共卫生学院与凯特·伯克（Kate Baicker）一起带头做的俄勒冈医疗补助实验。该实验基于2008年在俄勒冈实施的医疗补助彩票（健康保险彩票）展开，我们的分析正在继续。当然，我们有更多详细的资料供感兴趣的人参考［Finkelstein et al.（2012），以及我们的学习网站www. nber. org/oregon］。

我来描述一下俄勒冈实验，人们可以自己做出判断。医疗补助是一项针对穷人的公共医疗保险计划。在俄勒冈，医疗补助的申请条件降低到了联邦贫困线的二分之一，即个人年收入水平不足1万美元就会被俄勒冈州医疗补助扩展项目覆盖。但此项计划不覆盖那些没有保险但身强力壮的成年人。

俄勒冈州有财政能力覆盖实验组中那些低收入且没有保险的成年人，但也不是所有人都符合资格。为了做得更好，州政府官员认为“先到先得”并不公平。最终，州财政覆盖了1万人。

由于联邦法律禁止基于健康状况给予医疗补助，因此，俄勒冈州决定通过彩票的方式以示公平。具体来说，州通过主办一个大型的公共活动，要求感兴趣的个人来登记彩票。大约9万名低收入者进行了登记，从中随机抽取的3万名中奖者有资格成为医疗补助的受益人。

我们有实验第一年的数据，但这只是众多数据中的一部分。如图1显示的是彩票中奖后的16个月内入院率情况，黑色代表的是对照组（彩票未中奖人群）的入院率，16个月内的入院率大约在7%。灰色显示了由于获得医疗补助导致的入院率的潜在上升，高于对照组2个百分点或30%。

可见，来自随机对照实验的经验证据与“医疗服务需

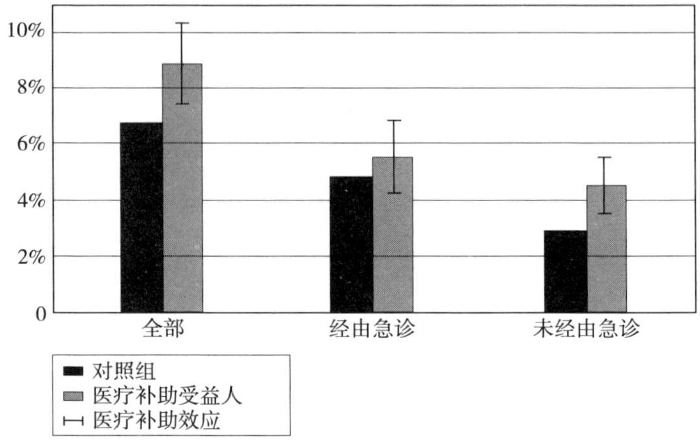


**图1　入院率**

注：来自俄勒冈医疗保险实验的证据，医院的出院数据显示了医疗补助对医院住院人次的影响。

资料来源：Finkelstein et al.（2012）。

求的价格不敏感”（价格不敏感是因为没有人想去医院，即使医疗服务价格不太昂贵，他们也不打算这么做）相矛盾。

但是，如果把入院情况根据经由急诊和未经由急诊分开的话，我们会看到一个非常有趣但不奇怪的现象。非急诊部门入院人数的增加带来了总入院人数的上升（几乎所有住院人次的增加都包括那些未经由急诊而入院的人）。这些未经由急诊而入院的患者大概是疾病不太严重或时间敏感度较低，但对价格更为敏感的人群。这是一个相当直观的结果。

第一年的实验结果让我们获得了更多的证据。正如前所述，医疗补助的实施不仅带来入院人次的上升，而且提高了人们就诊开药的概率。通过估算医疗补助对医疗费用的影响，结果显示，医疗补助使得医疗支出每年增长 25%。而那些被随机分配到医疗补助的人群比那些没有医疗保险人群的医疗费用每年多支出 25%，大约 750 美元。这一结果有理由让我们拒绝医疗保险无支出效应或无道德风险的原假设。

除此之外，至少在俄勒冈实验的第一年，我们找不到任何事前道德风险的证据，有人可能会说，“我现在有医疗保险了，我不必照顾好自己”。但是，我们在实验中并没有发现任何吸烟行为的改变。理论上对此的解释是，当一个人获得医疗保险时，不再关心个人健康状况的情形并不会发生，或者即使发生了，由于医疗保险使得个人的就诊次数增加，医生督促戒烟的效果抵消了事前道德风险的出现。尽管这个问题仍待解决，但直觉告诉我们，这种事前效应实际上并没有太多。

## 兰德医疗保险实验

我简单地介绍一下其他的医疗保险实验。其中最著名的是 20 世纪 70 年代开始的兰德医疗保险实验。在这项实验中，大约有 6 000 人参与，他们被随机分配到不同的消费者成本共担（cost-sharing）方案组中。不同于俄勒冈实验的是，兰德实验中每个人都有私人医疗保险，但不同实验组的私人医疗保险会因不同自付比例而有所不同。兰德实验是由俄勒冈实验中我的合作者之一约瑟夫·纽豪斯发起的，这在他 1993 年的著作《全民免费》（*Free for All*，Newhouse and the Insurance Experiment Group，1993）中有很好的总结。我为此还和一些合作者专门写了一篇针对高年级本科生的兰德实验短评摘要（Aron-Dine、Einav and Finkelstein，2013）。

在兰德实验中，不同的家庭被随机指派到不同的私人保险计划中，既有完全免费的健康计划（个人自付部分为 0），也有各种不同的医疗保险消费者成本分担计划（个人自付部分可能是 25%、50% 或 95%）。

所有的计划都有最高自付限额，或止损点，因此，即使志愿者个人自付比例为 95%，个人自付最高额度也不会超过 1 000 美元（1970 年），自付后的部分由医疗保险全部覆盖。可以说，即使是最不慷慨的健康计划仍能使人们获得巨额覆盖。实际上，大约有三分之一的家庭达到了最高自付限额（止损点），具有较强的约束力。

兰德实验结果再次证实了道德风险的存在——消费者

个人自付部分越高，医疗支出越低；当消费者需要支付较高比例的自付成本时，实际上他们花费更少。举个例子，对于那些95%的自付健康计划组（即患者需要自付医疗费用成本的95%直到最高自付限额）来说，其每年的医疗费用支出水平比免费健康计划组低五分之二。这一结果也足以推翻无道德风险影响的原假设。

## 替代性医疗保险政策如何影响医疗保健支出?

到目前为止，我希望说服你们的是，道德风险和医疗保险并不像不知情的《纽约客》读者所坚信的那样是个神话。随机对照实验的证据表明，当人们拥有医疗保险时，会倾向于消费更多的医疗服务，医疗保险保障水平越高，医疗服务消费越多。

但对制定政策来说，关键性的挑战依然存在。我们来看阿罗在其文章中谈到的医疗保险中的道德风险的政策含义是什么？换言之，我们如何把实验结果（如兰德实验中的医疗支出差异）转化成人们感兴趣的经济学话题？特别是我们如何用兰德实验样本中的结论预测样本外的情况，譬如不同的健康计划或政策对医疗保健支出的影响，这也是我们今天需要考虑的。

因此，我文章的后半部分主要描述如何将道德风险的经济学问题转化为政策。并讨论当前困扰我们的几个关键性概念，以及我过去几年一直在研究的替代医疗保险政策或医疗保险计划的医疗支出效果。

一般来说，通过具体的案例来讨论问题和想法比较容易理解。所以，接下来我用描述的方式来讨论高免赔额（high-deductible）医疗保险计划如何影响医疗支出。2003年的《健康储蓄账户法案》（Health Savings Accounts Act）鼓励高额免赔保险计划，这在一定程度上鼓励人们通过税收补贴的方式购买非常高额度的免赔保险计划。在免赔额度（俗称门槛费或起付线）以下，参保者完全自付。符合资格的免赔额度计划一般在3 000美元，也就是个人需要支付的部分，医疗支出超过3 000美元的参保者可以获得高比例赔付。

再回到阿罗的文章，我们发现这不是巧合。在人们有规避风险的倾向和对道德风险的担忧时，这个设计实际上是合同理论上的优化设计。事实上，这项立法的目的也是让人们进入高免赔额计划，以降低医疗支出的水平和增长速度。同时为风险厌恶者提供巨额赔付。

研究高额免赔医疗保险对医疗支出的影响，至少有三个问题需要提出：

1. 哪些价格对消费者来说更为重要？是起付线还是起付线以上的预期赔付？他们将在其消费行为中做出怎样的回应？

2. 谁会选择高免赔额计划，又将如何影响这些计划对支出的效果？

3. 问题的关键是，医疗保险为什么会影响医疗支出的增长而不仅仅是医疗支出的水平？

## 什么样的价格对消费者更为重要？

典型的医疗保险计划，包括那些在兰德医疗保险实验中的方案，以及那些真实生活中的情况，医疗总支出和个人支出之间的关系都是高度非线性的。如图 2 中的虚线所示，起初，在起付线以下个人全部自费，总医疗支出和自费支出之间是 45 度角，即自费支出与总医疗支出之间按 1∶1 的比例增长。到达某一点后，个人支出超过免赔额进入共担部分，假设个人自付比例为 20%，即每 1 美元的医疗支出中，自费支出 0.2 美元。随着支出的不断上升，达到止损点（图 2 中的水平线时），之后个人不再自付，进入免费医疗阶段。

但当次年初这些保险计划重置时，个人要重新面临免

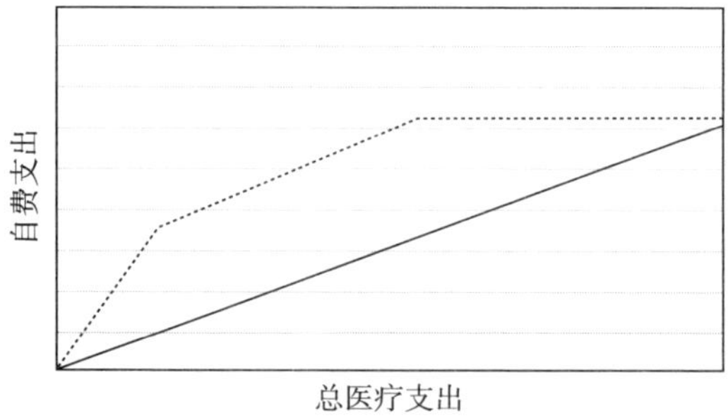


**图2　非线性医疗保险合同，哪个价格对消费者更为重要？**

赔额问题。他们是否会认为看医生的边际价格就是全价（个人100%自付的部分）？或者他们是否会考虑到这样一种可能，即到年底医疗费用超出免赔额后集中看病？他们会对哪种价格做出反应？这显然是引入高免赔额计划能降低多少支出需要考虑的问题。

假如人们对现货价格或标价能够做出反应，那么当人们预测年底有可能面对更低的有效边际价格时，他们便会减少当前的花费。

特别是在短视的情况下，人们有可能对免赔额设置做出较强的反应。因为免赔额以下看起来好像是他们的价格大幅增加至100%。相反，假如人们是完全理性的，即具有前瞻性且不受流动性约束，那么，现货价格可能不会影响他们的消费决策，影响的只是年底的价格。

设想一下，一个人有3 000美元的免赔额度，但其每年有一项超过 10 000 美元的常规支出。年初，在看病需要个人全部自付的情况下，他可能不会因为头疼去看医生。相反，他或她可能会认为“在这一年中，我肯定有一笔花费超过免赔额度。超过免赔额度之后再看医生就会面对一个较低的边际价格，这个边际价格可能为零”。因此，当前就诊的有效边际价格是很低的，问题是，这个人会那样做吗?

这是我最近试图回答的问题，具体可见我和麻省理工学院的研究生阿维娃·阿伦－戴恩（Aviva Aron-Dine）、我的同事利兰·安纳夫（Liran Einav）以及斯坦福的马克·卡伦（Mark Cullen）合作写的文章（Aron-Dine et al.，2012）。在这篇文章中我们提出的问题是前瞻性行为在道德风险中的重要程度。

就像医疗保险中是否存在道德风险的问题一样，人们如何预测其未来医疗消费的问题最终也是一个经验问题。在这篇文章中，我们充分利用这样一个事实，由雇主提供的医疗保险不管员工何时被雇佣其免赔额每年都在 1 月 1 日重置，也就是说，就算一个人在 3 月或 10 月份被雇佣，免赔额也是在 1 月份重置。

由此，如果假设有人在 3 月份被雇佣，而有的人在 10 月份被雇佣。由于医疗保险初始价格相同，他们都必须完全自付首次去看医生的费用，但是他们对年终价格的期望可能不同。这是因为，2 月或 3 月份被雇佣的员工有一整年的时间去积累医疗费用支出以便达到并超过免赔额，而在 10 月或 11 月、甚至 12 月 31 日这种极端的情况被雇佣的员工不太可能出现支出超过免赔额的情况。

因此，我们的基本思路是利用员工入职日期的差异来看具有相同医疗服务支出初始价格或当前价格，但具有不同未来价格的人群情况。那些年末被雇佣的员工面临较高的预期价格（未来价格），因为他们没有足够的时间使医疗支出达到免赔额度。因此，我们比较了同一年内不同月份入职的员工，当他们被纳入相同的免赔额计划时其初始医疗的使用情况。当然，我们还必须考虑到，在 2 月份和 10 月份被雇佣的员工其疾病发病的不同。因此，为了控制入职的季节性差异或医疗支出，我们还要关注那些被纳入无免赔额计划组的雇员初始医疗服务的使用情况。

研究结果拒绝了完全短视的原假设，或者个人仅对当前价格做出反应的假设。研究显示，那些在年初被雇佣的员工相对于那些年末被雇佣的员工（在免赔额计划和当前价格相同的情况下），其年末的预期价格更低，且在年初会使用更多的医疗服务。换言之，那些年初被雇佣的员工比年末被雇佣的员工在第一个月或第二月去看医生的可能性更大。

这表明，人们并不是完全短视的。他们不仅仅会对现价做出反应，还会表现出某种程度的前瞻性。为了回答这种前瞻性行为的多少和重要性，我们建了一个简单的模型。结果显示，人们并没有充分的前瞻性，他们会同时对现货价格和未来价格做出反应。这意味着什么？我们通过量化前瞻性行为，发现从无免赔额计划到高免赔额计划的转换并不会使医疗支出减少太多，在25%~50%。

这个结果是很直观的，我们甚至不需要建模也能得知。如上所述，当人们完全短视时，免赔额具有很大的蒙蔽性，因为人们一直认为免赔额以下的价格即是他们的有效价格。假如人们不是完全短视，我们知道高免赔额计划的引入带来的医疗支出的减少并不会很多。但减少多少还需要进一步估计。

我只是为从医疗保险实验阶段到这些政策实施过程中存在的挑战提供一些背景知识。兰德公司的研究人员在他们的原始工作中意识到了这些问题，并试图利用实验中不同健康计划的支出差异来预测其他健康计划可能的支出情况。如其需求价格弹性估计结果（-0.2）被国会预算办公室和其他机构广泛采用。而这一结果是在兰德公司假设人们是完全短视的条件下估算出来的。但事实并非如此，一些健康计划的支出效果比我们想象的要低很多。

## 谁会选择高免赔额计划?

为了预测因高免赔额计划的引入可能减少的支出，我们关注的第二个问题是谁会选择高免赔额计划?一般来说，我们倾向于认为逆向选择和道德风险是两个不同的问题。以往有关逆向选择的研究文献主要集中于这样一个事实，即身体健康状况的不同会影响人们对健康保险的需求。而道德风险的研究文献往往忽略个体间的差异性，仅关注平均价格敏感度或需求曲线的平均斜率。

但是，如果我们观测到的人们不仅在健康上存在差异而且在需求价格的敏感度上也存在差异，又会怎么样?在这种情况下，你必须考虑谁会选择高免赔额计划：他们在一定程度上会对价格敏感吗?实际上，这就是我们所谓的道德风险选择的概念。这是我另一篇文章关注的重点，文章合作者有利兰·安纳夫、史蒂夫·瑞恩、保罗·施林普夫以及马克·卡伦（Einav et al. ，2013)。

在这里，我们认为模型中人们需要健康保险至少有三个原因：一是传统的逆向选择，即人们拥有有关自己健康情况的私人信息。二是我们所说的道德风险的选择，即人们知道自己具有高的需求价格敏感性，并认为“如果医疗服务价格便宜，我有可能使用得更多”，这就会影响他们对低自付比例计划的需求。三是风险规避，风险规避者越多，对保险的需求也越多。

马克·卡伦的一个类比（想象一下，在你可以敞开肚皮吃饭的餐馆里或吃自助餐的时候）启发了我们开始考虑传统的选择和道德风险的选择之间的差异。在吃自助餐的时候，传统的选择是大胃王更有可能去吃。而道德风险的选择是即使你有一个普通胃，在多吃一口的边际价格为零的情况下，你也会比平时“照菜单点菜”消费得更多。因此，对于那些因食物价格降低倾向于吃更多的人来说，自助餐也是很有吸引力的。因此，道德风险的选择是对斜率或需求价格敏感性的选择，而传统的选择是对截距或需求水平的选择。

我们使用美国铝业的调查数据（数据包含员工的健康保险选项、选择以及医疗费用报销情况），从中发现了道德风险选择的证据。即那些具有高道德风险类型的人倾向于选择高覆盖率的保险，换句话说，补贴越高，医疗消费越多。因此，不仅患者个人会寻求更多的医疗保险覆盖（传统上的逆向选择），那些具有较高需求价格敏感性的人们也会如此（道德风险的选择）。在我们研究的特定背景下，从定量分析上说，道德风险的选择在决定人们的选择上被证明是非常重要的，几乎和传统上的逆向选择一样重要。

我们之所以关心这个问题，还在于能够用随机实验下医疗保险对医疗支出影响的估计结果更好地预测如税收补贴高免赔额账户时可能发生的情况。但问题的关键是，现实生活中人们是否会选择加入高免赔额计划并不是我们随机指定的。传统上预测高免赔额计划对医疗支出的影响是通过估计在给定价格下选择高免赔额计划的人口比例，然后应用我们从实验差异中得到的道德风险的平均估计，如兰德实验。

实验的差异性是获得个人医疗保险计划与其医疗支出之间因果关系的关键。但在这里，解决因果推理问题，也就是随机分配问题的一大特点是撇开选择的可能性，这对人们选择他们的计划时产生的支出效应尤为重要。特别是考虑到这样一种情况，当我们试图预测家庭免赔额计划为3 000美元时的支出减少情况。如果我们运用传统方法假定那些购买这些计划的人就他们的道德风险类型来说都是随机的，那么，利用平均道德风险估计可以预测，从当前计划转变为高免赔额计划时每位员工减少的支出大概在350美元。

然而，基于我们的估计，如果选择覆盖率较低的高免赔额计划的人恰恰是对价格最不敏感的人（即低道德风险类型的人），那么，这些人选择高免赔额计划带来的医疗支出降低并不会很多。这是因为，这类选择高免赔额计划的人比一般人对消费者成本分摊机制的反应要小得多。这对如何引入健康保险计划以降低医疗支出意义重大。

## 支出的增长

第三个也是最后一个我要讨论的关键问题是医疗服务支出的增长，而不是医疗服务支出的水平。到目前为止，我所讨论的是高免赔额计划的引入对支出水平产生的可能效果。正如我认为的那样，支出减少的效果没有我们预期的那么多。这有两方面的原因：一是，由于人们医疗消费决策的前瞻性，以至于他们并不会对当前的免赔额做出充分的反应；二是，由于道德风险的选择问题，那些选择高免赔额计划的人可能正是那些对免赔额最不敏感的人。

图 3 给出了医疗保健支出占 GDP 比例的增长情况，医疗保健支出占 GDP 的比例已经从 1960 年的 5% 上升至 2010 年的 18%。

医疗支出快速增长背后的机制是什么？这是经济学家少有的共同关注的话题。如约瑟夫·纽豪斯等学者认为人

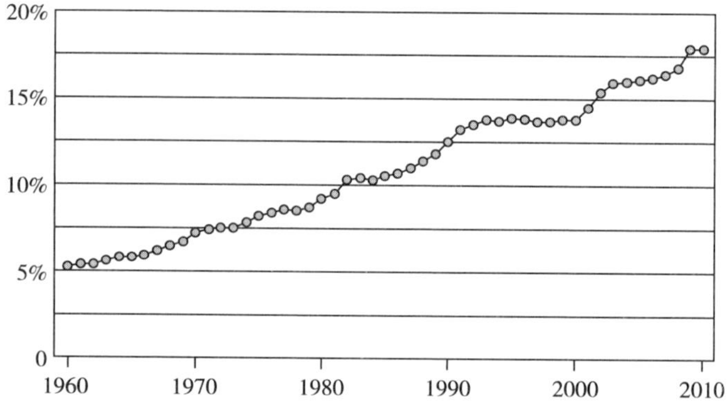


**图 3　1960—2010 年医疗保健支出占 GDP 的比例**

资料来源：Centers for Medicare and Medicaid Services（2012）。

口老龄化以及其他人口因素是导致医疗支出增长的主要原因（Newhouse，1992）。更广泛的共识则认为医疗技术进步是推动医疗支出增长的驱动力。但是我们应该慢下来想一想：又是什么推动了医疗技术的进步呢？其中，我特别感兴趣的一个问题是：医疗保险在医疗技术变革中发挥着怎样的作用？

我之前的所有分析都是在假定其他条件甚至医疗卫生体系保持不变的情况下，医疗保险是如何影响医疗支出的？我们称之为局部均衡分析。实际上，医疗保险覆盖面的扩展激励了医疗新技术的发展和应用，其对卫生保健部门产生的一般均衡效应完全不同于局部均衡效应，前者可能大于或小于后者。

这是我之前一篇有关1965年联邦医疗保险的文章中研究的问题（Finkelstein，2007）。医疗改革之前，联邦医疗保险的出台仅是简单的医疗保险覆盖面的扩大，它为美国65岁及以上的老年人提供医疗保险。值得一提的是，在联邦医疗保险之前，占美国总人口10%的老年人中，大约四分之三没有被任何医疗保险覆盖。换句话说，联邦医疗保险为美国7.5%无任何保险的人口提供了医疗保障。这与马萨诸塞州2006年医疗改革前的情况类似。而2010年出台的《奥巴马医改法案》能覆盖的人口比例也大约在11%。

为了评估联邦医疗保险的实施效果，有必要对联邦医疗保险实施前后的情况做一对比。在联邦医疗保险实施之前，不同地区医疗保险覆盖率不同。平均来说，大约四分之一的老人拥有私人医疗保险，但不同地区这一比例差异较大。如果我们从联邦医疗保险覆盖的老年人口（没有任何医疗保险的老年人）比例来看，联邦医疗保险的实施使得新英格兰医疗保险覆盖面提高了50%，使美国东南部以及中部地区医疗保险覆盖面提高了90%。而通过对比联邦医疗保险实施前后医疗支出增长的差异，我们发现，至1970年，也就是联邦医疗保险实施后的五年，医院的医疗总支出（而不仅是老年人的医疗支出）会比无联邦医疗保险状态下高40%。基于此，我们粗略认为，医疗保险（包括公共医疗保险和私人医疗保险）的实施能够解释1950—1990年人均实际医疗支出增长（1990年相对于1950年增长了6倍）的50%。

这些结果表明，医疗保险的出现对20世纪下半叶医疗保健支出的增长起着巨大的推动作用。而与之相反，兰德公司局部均衡估计的结果却表明这一时期医疗保险的实施仅能解释医疗保健支出增长的十分之一（Newhouse，1992）。

差距在哪里？一是，兰德公司进行的是真正的随机实验，其数据确信无疑。而我却不得不尽最大的努力去比较美国的不同地区，并控制其差异化的趋势。但我认为，对联邦医疗保险实施效果的分析实际上体现的是一般均衡（全系统）的结果，而这正是兰德健康保险实验所不能实现的。在兰德实验涉及的6 000人的样本中，为了得到保险计划的引入对人们使用医疗服务的影响，必须保持恒定的医疗服务环境：在这个环境中，由于更多的人有医疗保险，医生个人和医院的行为并不会发生多大变化。而当突然有7.5%的人口被新覆盖进来，而且是那些最有医疗服务需求的人口（老年人）时，会带来医疗服务总需求的增加，进而导致医疗服务提供者有积极性改变整个医学实践。

事实上，我的研究发现，联邦医疗保险鼓励了新医疗技术的应用。正如前所述，大家普遍认为医疗支出的背后是医学的技术变革。现在我们发现，当大型保险的变化导致需求大规模增加时，医院有开展新医疗技术的动力和积极性。而人们选择使用这些新技术手段，是因为他们不必为此买单。而当需要自己付费的时候，他们大概不会使用这么多。

我们可以顺着这个逻辑推理下去，保险不仅仅会影响新医疗技术的使用，还会影响这些技术的发展。但在联邦医疗保险中很难去做，因为，它是一个国家或全球性的创新市场。但是，从我（Finkelstein，2004）以及达龙·阿西莫格鲁和乔希·林（Acemoglu and Linn，2004）已经做的研究工作来看医药创新问题，我们发现，政府或个人作为疫苗需求的最主要影响因素，其卫生政策或不断增长的人口带来的需求刺激能引致相关的疫苗投资。

因此，保险通过降低医疗服务的价格，鼓励新医疗技术的使用，带动了需求的增加，最终反过来导致这些新技术的进一步创新和发展。另一种说法是，我们通常认为保险是为防范支出风险提供保障，但保险的一部分是改变支出风险的性质。

## 结论和展望

1963 年肯尼斯·阿罗提出的医疗保险道德风险的概念（医疗保险会提高人们对医疗服务的消费需求）给卫生政策带来启示的同时，即如何在提高医保覆盖面的同时控制医疗支出的水平和增长速度，也给后续经济学家研究带来挑战，即我们能否验证医疗保险中道德风险的真实存在，以及我们是否能够量化其程度、探索其性质和影响。

来自随机对照实验的证据表明，医疗保险影响医疗费用的支出。这是生活的事实，尽管不是我们所期望的，但是我们必须考虑到这一点，并思考其对政策的影响。

而对于消费者更为在意的是当前价格还是年终价格，我用高免赔额医疗保险账户的案例进行讨论，但也可以想象为联邦医疗保险的 D 部分（老年人的处方药计划），即由于在实际支付过程中可能突然出现某个支付区间需要参保者全额自付，陷入著名的“甜甜圈洞”。老年人对此做何反应取决于他们是否在年初做出了考虑。除此之外，个人道德风险类型的选择问题以及医疗保险如何影响新医疗技术的发展对充分的“道德风险”分析尤为重要。

尽管我们已经取得了一些进步，但显然很多重要的问题仍待解决。譬如，道德风险是如何产生的？有多少来自医生又有多少来自患者？是否选择看医生是由患者决定的，但是一旦患者进入医疗机构，获得多少医疗服务、基于患者保险覆盖范围如何调整护理服务内容，患者和医生在其中所起的作用有多大？这对减少过度的道德风险有现实意义。

另外一个关键问题是道德风险的福利成本。医疗服务的价格并不能反映其真实的社会边际成本。如处方药的例子，在专利制度下，处方药的价格远高于其接近于零的社会边际生产成本。又如，医疗保险诱导需求带来的福利成本我们并不清楚，它可能是医疗保险激励新产品开发从而产生的福利后果，这些重要的问题都需要进一步研究。

## 参考文献

Acemoglu, Daron, and Joshua Linn. 2004. "Market Size and Innovation: Theory and Evidence from the Pharmaceutical Industry." *Quarterly Journal of Economics* 119(3):1049–1090.

Akerlof, George. 1970. "The Market for 'Lemons': Quality Uncertainty and the Market Mechanism." *Quarterly Journal of Economics* 84:488–500.

Aron-Dine, Aviva, Liran Einav, and Amy Finkelstein. 2013. "The RAND Health Insurance Experiment, Three Decades Later." *Journal of Economic Perspectives* 27(1):197–222.

Aron-Dine, Aviva, Liran Einav, Amy Finkelstein, and Mark Cullen, 2012. "Moral Hazard in Health Insurance: How Important is Forward Looking Behavior?" NBER Working Paper No. 17802. National Bureau of Economic Research.

Arrow, Kenneth. 1963. "Uncertainty and the Welfare Economics of Medical Care." *American Economic Review* 53(5):941–73.

Centers for Medicare and Medicaid Services. 2012. National Health Expenditure Data. Available at: http://www.cms.gov/Research-Statistics-Data-and-Systems/Statistics-Trends-and-Reports/NationalHealthExpendData/NationalHealthAccountsHistorical.html.

Congressional Budget Office. 2012. Long Term Budget Outlook. Available at: http://www.cbo.gov/sites/default/files/cbofiles/attachments/06–05-Long-Term_Budget_Outlook.pdf.

Einav, Liran, Amy Finkelstein, Stephen Ryan, Paul Schrimpf, and Mark Cullen. 2013. "Selection on Moral Hazard in Health Insurance." *American Economic Review* 103(1).

Ehrlich, Isaac, and Gary Becker. 1972. "Market Insurance, Self-Insurance and Self-Protection." *Journal of Political Economy* 80(4):623–48.

Finkelstein, Amy. 2004. "Static and Dynamic Effects of Health Policy: Evidence from the Vaccine Industry." *Quarterly Journal of Economics* 119(2):527–64.

Finkelstein, Amy. 2007. "The Aggregate Effects of Health Insurance: Evidence from the Introduction of Medicare." *Quarterly Journal of Economics* 122(3):1–37.

Finkelstein, Amy, Sarah Taubman, Bill Wright, Mira Bernstein, Jonathan Gruber, Joe Newhouse, Heidi Allen, Katherine Baicker, and the Oregon Health Study Group. 2012. "The Oregon Health Insurance Experiment: Evidence from the First Year." *Quarterly Journal of Economics* 127(3):1057–1106.

Gladwell, Malcolm. 2005. "The Moral-Hazard Myth." *New Yorker*, August 29.

Newhouse, Joseph P. 1992. "Medical Care Costs: How Much Welfare Loss?" *Journal of Economic Perspectives* 6(3):3–21.

Newhouse, Joseph P., and the Insurance Experiment Group. 1993. *Free for All: Lessons from the Health Insurance Experiment*. Cam-

bridge, Mass.: Harvard University Press.
Pauly, Mark. 1968. "The Economics of Moral Hazard: Comment." *American Economic Review* 58(3, part 1):531–37.
Rothschild, Michael, and Joseph Stiglitz. 1976. "Equilibrium in Competitive Insurance Markets: An Essay on the Economics of Imperfect Information." *Quarterly Journal of Economics* 90:630–49.

# 评论 1

乔纳森·格鲁伯

我非常高兴能作为评论员对艾米·芬克尔斯坦的演讲主题发表看法。艾米是我在麻省理工学院的同事，我还记得当初极力邀请她来研究生院的时候是 20 世纪 90 年代末，她还在经济顾问委员会任职。也是从那时起，艾米的麻省理工学院教育促成了她的巨大成功，但也毫不夸张地说，我们都得到过她的提携，我对此记忆犹新。艾米现在是美国最好的卫生经济学家之一，同时也是最好的应用经济学家之一。这并不仅仅是我个人的看法，就在她演讲后的两个星期，艾米就被美国经济学会授予约翰·贝茨·克拉克奖。她继承了麻省理工学院理论与实证研究相结合的优良传统（这个传统由罗伯特·索洛和保罗·萨缪尔森开创，后由保罗·乔斯科及学院的其他同事发扬光大）。

随着艾米事业的扶摇直上，2012 年，我有幸与她共同执笔俄勒冈医疗保险随机实验研究（书中提及的部分）。我之所以妄称“共同执笔”，是因为在合作的过程中，她就像一架进入平流层的火箭，而我只能试图跟紧她的脚步。比如，我每天会收到她数十封电子邮件，以至于我无法及时做出回复，最终我选择了退出这个项目。她仍友善地把我的名字列入共同执笔人，但多年以后我回复邮件的速度依旧很慢。这是与艾米合作项目的巨大特权和收益。

健康信息不对称的概念最早由阿罗在其 1963 年发表的《医疗保健中的不确定性和福利经济学》一文中提出。而在这本书中，艾米专注于信息不对称的一个方面，论证了阿罗已有研究工作的丰富程度，首先考虑的不是道德风险的贡献，而是逆向选择以及由逆向选择带来的保险市场失灵的概念。艾米的专业知识足以表明其可以做一整个有关逆向选择问题的演讲。她及其合作者凯瑟琳·麦加里（Kathleen McGarry）在过去几十年里对这个问题的研究贡献良多。实际上，她可以就阿罗文章中提到的第二个关键因素谈谈。

我只想对艾米在最后章节中谈到的内容做四点补充。

一是，她仅关注一种被称为“事后道德风险”的类型，尽管她也提到了“事前道德风险”，即由于保险的缘故，人们降低对自身健康状况的重视程度。我认为事前道德风险是经济学家喜欢花较多时间研究但并不十分重要的内容之一。在俄勒冈医疗保险实验中，我们确实调查了事前道德风险，我们研究人们是否会在拥有医疗保险的时候抽更多的烟或减少运动量。到目前为止，没有证据表明这类情况会发生。

但我认为另外一个更为重要的道德风险是供方道德风险。不同于艾米在联邦医疗保险案例中描述的一般均衡效应。拿一个形象的比喻来说，让医生告诉你需要多少医疗服务就像让屠夫告诉你需要吃多少红肉。当前，美国面对的是一个破碎的按服务付费的医疗服务体系，也就是说对医生和服务提供者的支付是基于他们提供服务的数量，而不是患者的健康程度。

这是今天大多数医疗成本控制讨论的焦点。虽然我们很多人醉心于研究个人方面的道德风险，但实际上在政策界广为探讨的问题并非如此，而是有关供方的道德风险以及如何改革当前的按服务付费（fee-for-service）模式，寻找一种替代的付费模式。如责任制医疗组织（Accountable Care Organizations，ACOs），把医疗服务提供者捆绑在同一个总额补偿体系下，对医疗机构的支付是基于其签约的人数，而不是其治疗人数。

有大量证据表明存在供方道德风险。一个最有说服力的例子是 1983 年联邦医疗保险付费方式改革带来的巨大转变，医保付费方式由最初的按服务付费模式走向预付制（预付制是基于医院诊断的一种付费模式）。在联邦医疗保险医保付费方式改革实施的一年内，医院住院老人平均住院天数下降了 15%，然而，老人的健康状况并没有受到任何影响。可以说，这些过度医疗浪费了大量医保基金，但又不会带来老人健康状况的改善。

考虑供方是道德风险的重要组成部分。作为对艾米最后章节研究内容的补充，需方道德风险和供方道德风险之间具有互补性。供方道德风险派认为，“需方并不重要，共付医疗费用是有免赔额的，我们应该把精力放在供方的补偿机制上”。另一派则认为“让消费者更具成本敏感性、更加看中医疗服务的成本尤为重要”，我对此持赞同意见。实际上，双方显然都是正确的，但是双方都没有解决的是这两类道德风险如何相互作用的问题。特别是，我们如何激励供方，又如何使需方做出激励互动？例如，我们如何在计划中做出这样的制度安排：患者去按服务收费的医疗机构就诊将会比按人头补偿的医疗机构支付更多的费用。这是下一步需要考虑的问题。

二是关于对兰德医疗保险实验和俄勒冈医疗保险实验结果的解释问题。正如艾米所说，这些研究并没有直接衡量道德风险；相反，而是衡量价格对医疗服务使用的影响。这种测量实际上由两部分组成：替代效应（道德风险的响应）和经济学家所说的收入效应或流动性效应。

这是因为，一方面，医疗服务的价格不断改变，另一方面，当一个人拥有医疗保险（即生病时可以得到现金补偿）时，他可能愿意为自己的疾病治疗花费一定的费用，我们称之为流动性效应。这可能就是当一个人拥有医疗保险时，往往花费更多的原因。人们总是喜欢购买医疗服务，只不过被限制了而已。医疗保险的支付使得他们能够负担得起昂贵的手术费用（在一定程度上释放了他们的医疗需求）。这并不是系统的扭曲，它只是消除了人们面对的流动性约束问题。

问题是，被改变的医疗支付习惯是取决于真实的道德风险，还是取决于流动性效应？不同的结论将产生非常不同的政策含义。但是，我们实际上并没有大量的证据把两者区分开来。假设有两个人：一个人我们提供医疗保险；另一个人我们在他生病的时候给他一张支票，允许他自由支配。如果存在替代效应，他们的行为将有所不同，当然道德风险也在起作用。如果存在流动性效应，他们的行为将没有差异。我们虽然没有这样理想的随机实验，但是我相信艾米一定能够在现实中找出解决这个问题的方法。实际上，哈佛的拉贾·切蒂（Raj Chetty）和他的同事利用实验和准实验的方法测量得出了失业保险中的道德风险是流动性效应在起作用（Card et al.，2007；Chetty，2008）。

三是，我们从艾米描述的有关道德风险的影响可以显而易见地得出，需方/患者成本分担机制是必要的，即患者应承担一部分医疗决策的结果。

但无法回避的是，需方成本分担机制还涉及可负担/承受能力的问题。这就是诸多学者反对患者成本分担的原因，他们担心人们负担不起这些成本。而我们设计自付限额（out-of-pocket limits）的原因也是为了确保医疗服务的可负担性。举个例子，以一个收入水平处于贫困线附近（年收入在 13 000 美元）的人来说，他负担不起 2 000 美元的保险免赔额，甚至可能负担不起 1 000 美元的保险免赔额。在面临这种承受能力的问题上，又将如何设计需方的成本负担？

许多年前，马丁·费尔德斯坦提出了针对这一问题的解决方案（或许，这仅仅是一项政策性建议）：重大风险保险计划。在这个保险计划中，人们需要支付其医疗成本的 50% 直到自己负担的花费占到收入的 10%。一般来说，人们为避免因医疗支出过多而破产，将在其临界点上具有价格敏感性。

这是否是个好主意实际上取决于收入的异质性。在艾米讨论的道德风险中，一项计划的好坏取决于穷人是否表现出或多或少的敏感性。如果人们非常具有价格敏感性，这就意味着，该计划可能具有较高的福利成本。这也可能会使我们无法为他们提供像其他人一样多的保护。因此，我们不仅要理解艾米提到的整体道德风险效应，还要知道它是如何影响收入分配的差异性的。

四是，在为医疗服务的消费设置恰当的边际激励和减少不确定性之间如何权衡，是把艾米的研究成果转化为政策指导的难点所在。经济学家总认为，一项医疗保险计划应该设立自付比例，比如患者需要支付医疗账单的20%，直到某个最大限额。但现实是人们讨厌这种自付比例，而往往喜欢自付费用（co-payment）。究其原因，人们在看医生的时候，费用的支付有太多的不确定性。

这个问题的部分原因是缺乏价格透明度，因为医生的账单不会公布，我们不知道20%会是多少；部分原因是不确定性真实存在，因为我们在就诊过程中不知道医生要做什么，不知道医生要检查哪里，等等。因此，让患者按比例支付等于让他们陷入了某种不确定性。阿罗等学者的开创性研究亦显示，人们不喜欢不确定性，并且愿意支付一定的费用来预防这种不确定性的发生。

这实际上提出了一个有趣的问题，即如何激励人们的行为。一方面，当患者面对临界点上的价格时，可能对选择使用昂贵的治疗方式更加谨慎。另一方面，患者在面对需要自付多少时具有很大的不确定性。因此，我认为如何在自付比例（对经济学家更有吸引力）和自付费用（对现实中的人们更有吸引力）之间进行权衡，才是最重要的。

以上就是我个人的一些想法。艾米的工作非常出色，真正的评论谈不上，我也只是为她下一步的工作提出一些建议。在我看来，艾米其实已经非常完美地回答了我在这里提出的一些问题。

## 参考文献

Card, David, Raj Chetty, and Andrea Weber. 2007. "Cash-on-Hand and Competing Models of Intertemporal Behavior: New Evidence from the Labor Market." *Quarterly Journal of Economics* 122(4):1511–60.

Chetty, Raj. 2008. "Moral Hazard versus Liquidity and Optimal Unemployment Insurance." *Journal of Political Economy* 116(2):173–234.

Finkelstein, Amy, Sarah Taubman, Bill Wright, Mira Bernstein, Jonathan Gruber, Joe Newhouse, Heidi Allen, Katherine Baicker, and the Oregon Health Study Group. 2012. "The Oregon Health Insurance Experiment: Evidence from the First Year." *Quarterly Journal of Economics* 127(3):1057–1106.

# 评论 2

肯尼斯·阿罗

非常高兴能再次回到母校，并对艾米·芬克尔斯坦的演讲发表一些个人看法。与我就读时相比，今天的哥伦比亚大学在许多方面都发生了翻天覆地的变化，经济学部的教学以及其所关注的主要问题都已取得了长足的发展——尽管在当前的危机中大萧条似乎再现。有些事情改变了，但有些事情依然在轮回当中。

艾米的精彩演讲及其相关研究论文都展示了其实验研究和利用自然实验来做创造性理论解释的能力。同时，艾米的演讲也让我们在座的受益匪浅。尽管我们之前可能都读到过这方面的论文，但她的研究工作把所有问题集中到了一个视角，为我们健康问题的研究做出了贡献。

我先来谈一下个人看法。乔纳森·格鲁伯对艾米的讨论已经很充分了。我称之为非经济方面。实际上，这也是我最初文章中的一部分。

我对道德风险的定义是供需双方之间信息或知识的不对称（道德风险仅仅是不对称的一种），在我做维克托·福克斯的新课题时，把它放在卫生这个背景下来考虑。

维克托当时是福特基金会的职员，也是当时社会科学研究的大人物。他是美国甚至世界范围内最杰出的卫生经济学家之一，我曾见过他，但我们并不熟。在后来的项目研究中他给我打过电话，那个项目是从耶鲁大学经济学主任劳埃德·雷诺兹（Lloyd Reynolds）那里获得批准的。维克托想把三个有关公共和私人政策的问题交给两个人来研究。要求其中一个人是这个领域的专家，他的工作是给出一些概况性的研究；另一个人则最好是没在这一领域工作过的理论家，从理论的视角进行研究。而我就是那第二个人选。

社会选择和个人价值实际上在某种程度上是以同样的方式产生的。当我挑战我从没工作过或继续研究过的工作时，我就会想，"嗯，这看起来更刺激，我可以学到东西"，毕竟健康是一个严肃的话题，如果理论是好的（这一点可以辩论），这是一个值得应用的领域，去看看能够得出什么结果。

除此之外，我最大的兴趣一直是经济的不确定性和风险承担。因此，我进入卫生领域一直试图把具有不确定性的一般均衡概念融入进来。当时我非常勤奋地阅读了很多书籍和已有的研究文献，甚至还有一些卫生经济学家的描述性资料，如鲁费斯·罗勒姆（C. Rufus Rorem）、哈罗德·萨默斯（Harold Somers）和安妮·萨默斯（Anne Somers）。

与现在不同，那个时候仅存在很多住院医疗保险，但也只是一种被称为重大医疗风险保险的发端。这就意味着，住院以外的风险不在保险范围之内。同时，类似健康维护组织（HMOs）这样的组织当时也还没出现，只存在一些诊所，但诊所只是我们故事的一部分。健康问题在早期也是个大问题，尽管以现代的标准来看那很微不足道。当时的卫生支出占国民收入的比例大概在6%，虽然不是重大问题但也不容忽视。

众所周知，如果你有风险，你就应该买保险。但是为什么我们没有覆盖范围更广的健康保险呢？对此，我尝试着去解开答案。在我看来，保险公司很难准确地知道他们要保什么是造成这一情况的主要原因。举例来说，如果你有汽车保险，当你挡风玻璃碎了，毫无疑问，你会更换玻璃。即使有道德风险存在，也并不重要。因为，这种情况是可以预见的：诊断的结果就是一个破碎的挡风玻璃，程序就是去替换它，无道德风险可言。但是，当你生病了，你的诊断结果并不是你能想到的，医疗费用可能更贵也可能更便宜。而在医疗服务提供过程中患者做出的决策，有些可能仅仅是为了让自己更舒服，有些可能真的具有医学价值，但保险公司很难辨别和监督。

我后来开始意识到另外一个问题：即医生和患者之间的关系。患者如何判断医生在一个病例上尽了力？这并不是奇思妙想，有很多人经历过这样的严重后果。

我花了好几个月的时间去查阅有关这方面的资料。突然有一天，我意识到信息不对称作为一般原则同样适应于医疗领域。医生在生活中的功能，顾名思义，就是懂你所不懂。而保险公司不仅受医生的摆布，还同时受患者的摆布。

道德风险和逆向选择概念的提出源自我早期学习和工作的启发。大约在 10 或 20 年前，当金钱和健康成为我的家人必须面对的问题时，我不知道我能做什么，我所关心的是能有一份安稳的职业，如精算师。也就是在当时精算师的学习过程中，我了解到了道德风险和逆向选择的概念。

当这些概念重新在我脑海中显现时，我突然意识到："哦，这就是保险公司的人一直在讨论的问题。"

现在的问题是，我们如何处理信息不对称？信息不对称的存在打破了市场体系能够解决一切的规律，也就是说存在市场失灵。一个直观解释是，如果仅有我知道它是否会发生，你和我是不可能在某件事上达成协议的。如果我们可以对任何事物定价，道德问题就不是我们考虑的范畴了。但是，只要存在信息不对称和价格失灵，就会产生道德问题，而这在真正的市场体系中不会出现。

保证讲真话会产生一定的社会效益。当前，已有大量文献对激励机制设计做了研究。但就我个人而言，由于存在信息不对称，激励机制的设计并不能解决市场失灵问题，即使是在金融市场。实际上，一些证据表明，激励机制并没有像我们期望的那样会产生效果。我还不清楚有什么办法能够完全纠正它。

其中艾米和乔恩（乔纳森的昵称）都提到购买和使用医疗服务并不是病人一个人的决策。我依赖医生就像我依赖律师一样，这就是职业有其特殊角色的原因。两者的共同点是知识在人群间存在巨大差异。一般来说，医生的服务供给并不是技能而是知识，而且这种知识还可以不断地被重复利用。但是社会的分工使得人们愿意为这些人的知识付费，而不需要每个人都要有医学教育背景（我们可以对为什么存在专业化而争议）。

因此，信息不对称会在整个医疗系统中自动产生，包括医生、医院和健康维持组织。当保险公司介入健康保险业务时，便会开始监督医生。举例来说，医生推荐的治疗方法可能会被保险公司拒绝，因为保险公司或健康维持组织也在利用自己的知识做判断——这是一个臭名昭著的问题。

其结果是，在这个复杂的信息系统中病人的角色变得微不足道。这正是我所担心的，特别是，道德风险的差异化表现究竟来源于哪里？是在不同条件下的不同地点看了不同的医生？

医德一直被认为是一件很重要的事情。但有一个思想学派，特别是芝加哥学派认为对医疗流程和药品使用的限制以及所有的规则和道德约束本质上是提高垄断权力的手段。其中，米尔顿·弗里德曼是这一观点的伟大倡导者。他甚至说，医疗行业的门槛应该自由开放，而不是用许可证来限制医生的进入。

但我认为他正是忽略了“医德”这一点。例如，医学协会为预防人们生病而公开的信息，很难被认为是为了利润最大化。在我之前的文章中，我曾用医生和医院不做广告的例子来表明他们不是利润最大化者，然而，现在看来那个判断完全错误。当我拿起报纸，看到诸如纪念斯隆-凯特琳癌症中心这样的医院为什么会是治疗癌症或其他患者最好的地方时，我还是有点震惊，年轻人的感受可能不会这么明显。我们自希波克拉底以来就依赖医德，类似的事情也在其他行业发生着。

接下来，我们用事实说话。这些事实有些很好，有些所谓的事实可能并不是事实。

随着新药和设备的引入，总存在谁决定使用它们的问题。我的一个学生对此的研究发现，很难确定是谁做的这些决定，市场体系捕捉不到。每个健康维持组织可能都会说，“这取决于医生，如果医生觉着有必要，我们就会购买”，但是很明显有些健康维持组织非常抗拒这样做。

有研究称，医疗费用存在很大的地区差异性，但医疗结果差异性并不大。比如，从国际比较上来看，医疗费用差异巨大，但不清楚的是为什么会有这么大差异。毕竟，与美国相比，加拿大面对的问题并没有什么不同，但是加拿大的医疗服务要便宜得多，为什么？正如我所说，在保险提价的情况下，人们可能认为，有着较高医保覆盖率的加拿大医疗服务应该比美国更加昂贵才对，事实上并非如此。如果我们再看法国或以色列的医疗卫生体系，它们的共同点是医保覆盖范围更广，但同时，其医疗成本也更低。

可以说，世界范围内没有一个类似美国这样的情况。

在美国，一个被广泛接受的事实是，如果你加入不同的健康维持组织，它们的成本会表现出较大的差异。就如同我们在加利福尼亚看到的一个有趣现象，人们普遍认为凯撒（Kaiser）比其他保险公司提供的价值更高，市场的运作机制也告诉我们，凯撒以及类似凯撒这样的保险计划应该会得到迅速发展，但这并没有发生，市场化的差异一直存在。

为了解释上述现象，有必要利用“文化”这一概念。尽管自 1905 年马克斯·韦伯提出资本主义的出现与宗教认同以来，经济学家就不喜欢这一提法。但我们商学院组织行为学的同事总在讨论企业文化。我们假设有一个大家一起工作的组织，且他们的工作方式很难改变。那么，新进来的人往往会选择适应这种文化而不是去改变它。从长期来看，做得好的公司并不意味着会淘汰掉无效率的企业，特别是在医疗行业。因为各种原因，医疗行业的竞争并没有那么激烈，暴露在市场环境中的公司间的差异也更为明显。因此，我认为，类似责任制医疗组织那样有着成本效益的“问责”文化显然更需要培养。

当前医保支付方式由按服务付费改为按人头付费是件好事，但还需要更多的组织来实现。也就是说，一个机构要想长期生存下去，它们需要一些外部的但并非核心的领导和控制。如英国国家临床卓越研究所（National Institute of Clinical Excellence，NICE），通过公布新药的成本信息和研究结果，在医疗行业发挥着重要作用。

如何对此进行实验研究，我恐怕要留给那些比我更有资格的人。

# 评论 3

约瑟夫·斯蒂格利茨

真的非常高兴能再次参加肯·阿罗的系列讲座并参与讨论。在肯·阿罗开创性的研究基础上，艾米为我们提供了一个非常有见地的演讲。而我本人在读研究生的时候，也深受阿罗 1963 的那篇文章[①]及其有关“风险承担理论的几个方面”[②] 演讲内容的影响，我和迈克尔·罗斯柴尔德（Michael Rothschild）关于保险的不完全信息理论的研究灵

① Arrow, Kenneth J. “the economic implications of learning by doing.” *The Review of Economic Studies* (1962): 155 – 173.

② Arrow, Kenneth J. “Aspects of the theory of risk-bearing.” Yrjö Jahnssonin Säätiö, 1965.

感即来源于此。①

首先，就我们大家都感兴趣的基本性问题提出我的个人看法：当我们考虑医疗卫生体系的建设，包括那些可能增进我们福利的保险体系建设时，一个核心的问题值得注意，那就是医疗行业与其他大多数经济领域不同，关于市场的假定在医疗行业中基本无效，这是我们分析问题的关键。

造成市场效率不高的原因之一是医疗行业存在信息不对称（我和布鲁斯·格林沃尔德数年前证明）。即无论是否具有逆向选择，存在哪种道德风险，抑或不完全风险市场特征，都会导致市场经济效率不高。② 尽管几乎所有的市场都或多或少具有信息不对称的特征，但这种信息不完善对医疗服务市场尤为重要。你可能听到过这样的声音："把它留给市场，一切都会变好"，但这并不适应卫生经济学领域。因此，我认为，医疗需要政府介入，总有一些干预措

① Rothschild, Michael, and Joseph Stiglitz. "Equilibrium in Competitive Insurance Markets: An Essay on the Economics of Imperfect Information." *The Quarterly Journal of Economics* 90.4 (1976): 629 - 649。该研究激励我与 Richard Arnott 从事关于道德风险的后续研究。参见 R. Arnott and J. E. Stiglitz, "The Basic Analytics of Moral Hazard," with R. Arnot, *Scandinavian Journal of Economics*, 90 (3), 1988, pp. 383 - 413。收录于 *Selected Works of Joseph E. Stiglitz, Volume I: Information and Economic Analysis*, Oxford: Oxford University Press, 2009, pp. 417 - 443。

② Greenwald, B. and Joseph E. Stiglitz, 1986. "Externalities in Economies with Imperfect Information and Incomplete Markets." *Quarterly Journal of Economics* 1 (2 May): 229 - 264.

施可以在没有使任何人境况变坏的前提下，使一些人的境况变得更好（因为信息不对称并没有限制医疗行业帕累托效率的实现）。

其次，我非常同意肯·阿罗说的，我们当前的医疗卫生体系并没有发挥作用。这其中最主要的问题不是我们在医疗保健上花费太多（医疗支出占 GDP 的 17%），而是我们花费的多、得到的太少。换句话说，我们医疗卫生体系的效率很低。尽管目前我对医疗服务应该花费多少没有准确的概念或数据，但是人们总是渴望活得更久（随着年龄的增长，这种偏好越强）。正如肯指出的，我们在人均支出和 GDP 的占比上比其他任何发达工业国家都高，但我们的健康结果指标却比他们都糟糕。举例来说，美国一些地区的婴儿死亡率指标甚至高于一些发展中国家。这很尴尬！而这种情况的出现与艾米描述的医疗服务可及性问题有关，在美国，有大量的人无法获得恰当的医疗服务。

因此，我们的医疗卫生体系为什么如此低效应该成为我们关注的主要问题之一。这可能有点超出艾米的演讲主题了，但这是福利经济学和卫生政策分析的核心内容。正如肯提出的，从内在原因来看：美国人和其他国家人群的健康情况基本无差异，即其他国家的人群并不比美国人更健康；从历史的角度来说，不是虚弱、生病和基因缺陷的人才来到这里，也并不是只有患病的人才移民到美国；美国的气候甚至不比其他地区的气候糟糕。当然，有些地方可能更好，但美国至少不是最糟糕的。这些都无法解释为什么我们花费太多却得到太少的问题。

正如肯所说，信息不对称并不是美国特有的问题，它在大西洋和太平洋两岸都存在。同样，道德风险、逆向选择以及医生的监督和激励问题也很普遍。显然，我们在这些问题上的解决方式不如别人。

其中部分原因与寻租有关。我们建立的医疗卫生体系到处充斥着善于寻租的机构，且比其他国家表现得更为严重。同时，我们的公共部门对医疗行业的管制力较弱，这也就不奇怪为什么我们有着昂贵的医疗服务体系。举例来说，2003 年医保处方药福利（Medicare Drug Benefit）规定的推行，标志着药品的最大购买者美国政府自此失去了与药品公司商定药价的权利。据估计，这一规定每年带来的成本超过 500 亿美元。而这只是公共部门管制力较弱一个例子。

美国有一个被称为联邦政府医疗保险优先计划（Medicare Advantage）的项目。医疗保险优先计划与联邦医疗保险并没有太大区别。但它在私人部门会比公共项目多花 20%。我们没有废止它的原因完全是医疗保险行业游说的结果，即他们不愿放弃这个赚钱的机会。交易成本对我们大多数人来说是坏事，但对医疗保险行业来说却是好事。因为，这正是它们谋生的手段。

肯提出的另外一个重要问题是：医学治疗手段不管是在一个国家内部，还是在国与国之间都表现出很大的差异性。有很多医学治疗手段并不具有成本效益，举例来说，就像我们在很多地方看到的扁桃体切除术，花费昂贵、疗效却不明显。

新出台的《奥巴马医改法案》就提供了有关这些治疗手段更加科学的研究方案，为更加科学性的讨论开了好头。其中一条就是希望能够建立规范，指导我们选择那些“价廉质优”的治疗手段。

最后，我想谈一谈有关经济理论的发展。我的工作深受肯的影响，《风险分担理论的几个方面》，以及他有关道德风险的文章等开创性研究帮助我们重新思考信息不对称的经济学问题。

信息不对称/不完全带来的潜在问题。以道德风险为例，我们无法观察，即使能观察也是在不完全信息下观察到的。就如我们不知道医生在做什么，他应该做什么，或者他做（或不做）的后果是什么。即使他做的是对的，病人病情治疗的结果也有可能是坏的。因此，我们无法判断患者生存下来是否因为医生做得对。但也有可能医生做的都是对的，但病人治疗的结果还是死亡；或者尽管医生出现了治疗错误，患者还是生存了下来。这就导致医疗服务很难按绩效支付。

30 年前，肯、我以及其他学者研究的模型很简单，我们只是单独来看信息不对称、道德风险和逆向选择的案例。而这本书讨论的重点是多重信息的问题：医生不知道患者的病情、患者不知道医生的治疗方案是否可靠、保险公司对两者都不了解。实际上涉及了三方道德风险问题。

同时，在保险市场上，还存在信息不对称或不完全的附加问题。比如，保险公司不知道患者的健康状况，患者不知道当需要保险公司支付（患者认为保险事件发生了）的时候它是否愿意支付。这些问题同样重要。但我目前感到意外的是，最近几年里，很少有理论研究利用模型来分析多重信息不对称。

原因当然也很好理解，多重信息不对称的问题很复杂。当存在道德风险和逆向激励两个问题时，我们受激励相容和自我选择的约束，两者可能以复杂的方式交互，使得分析更加困难。[①]

但是，我们在实践层面上面对的问题都涉及这些多层次的信息不对称问题。不管用何种方式，最终，我们都必须去冗从简，找出近似或简洁的模型以便分析多重信息不对称。

① J. E. Stiglitz and J. Yun, "Optimality and Equilibrium in a Competitive Insurance Market under Adverse Selection and Moral Hazard," NBER Working Paper 19317, August, 2013.

# 讨　论

演讲和评论后的观众提问与回答环节：

**观众提问1**：在我看来，国家层面的证据不支持道德风险的存在，从这个意义上说，医保覆盖率越高的国家，医疗支出占GDP的比例越低。那么，是否可以说医疗服务的道德风险问题不是伴随消费者发生，而是伴随提供者发生？据推测，消费者在类似的激励机制下会表现出类似的行为，医疗卫生体系间的差异就是医疗服务供方激励机制的差异。这是问题的所在吗？我们的研究应该专注于哪个方面？

**观众提问2**：我没有听到有关供方道德风险问题的讨论。实际上，患者只能控制他们医疗服务需求10%的成本支出。大部分的医疗支出掌握在医院的专家手里，因为这些专家有动机多做检查和多提供医疗服务，以便提高自身收入水平和职业幸福感。在您的研究中，您是否做了对照去看个人医疗需求成本的增加有多少归因于供方？

**观众提问3：**预防性医疗是如何进入建模的？它能够带来多少医疗服务需求的增加，又能潜在地降低多少医疗支出？

**斯蒂格利茨：**谢谢，在艾米回答问题之前我能再加一个提问吗？有两点。

一是，有关福利问题。通常情况下，我们认为技术进步是一件好事。但是，艾米给了我们一点暗示，即技术进步推动成本上升，这是对成本的偏执，这表明技术进步是一件坏事。

我想给出我的答案。实际上，有些技术的改变是好事，它们能够延长寿命、增进福利。但事实是，我们支付的价格不是边际成本。同一技术表现出较大的价格差异（即存在价格歧视。——译者注），以致我们生产技术的体系是无效率的，我们的使用体系也是无效率的。例如，在一些国家，只有当昂贵药品有利可图时才被使用。为解决这一问题，澳大利亚制定了药品目录，而美国却没有类似的管制机制。某种程度上，技术能够潜在地增进福利，但我们使用技术的方式以及市场扭曲技术生产的方式并不会带来福利改进。

二是，艾米谈到了兰德公司的研究以及包括俄勒冈在内的其他实验研究。但是，你讨论的是住院情况，并不能解决长期医疗费用的支出问题。如果这些人今天不去医院的话，他们可能会得更严重的疾病。也就是说，他的健康问题会积累。因此，医疗服务使用越多，并不必然带来较高的医疗费用支出。

**芬克尔斯坦：**确实存在三个问题。与供方的道德风险以及供方对患者的作用有关。乔恩没有提到，但他不仅是我在麻省理工学院的同事，而且是我在麻省理工学院的论文导师。我认为他的讨论在某种意义上达到了我理想中论文导师应有的样子：他们鼓励你，并告诉你正在做的非常棒。当你走出这扇门的时候，他们发表评论并温和地建议你所忽略的问题，但当你离开之后，你会突然意识到应该做什么，这种感觉真的令人欣喜鼓舞。

我觉得他的意见以及前面观众提出的两个问题都强调，我们现在需要重新思考供方的激励问题，即我们需要考虑的是医生做出的决策有多少是出于他们自身收入激励的考量，而不是看需方患者有多少反应是因受医生的影响而做出的。这是我们需要进一步研究的工作。

观众提出的第二个问题是有关预防保健服务以及未来的医疗服务支出。我们确实在俄勒冈实验中注意到了这一点，第一年的实验结果显示，预防性医疗服务提供的增加，产生的长期效益并不明确，如乳腺影像、前列腺扫描仪、血液胆固醇水平检测等的使用。例如，在我们研究过程中，乳腺影像建议的改变，我们不知道如何规范地推荐预防性医疗服务——当然也不知何时推荐?

乔（约瑟夫的昵称）提出的有关长期支出的问题，我们会一直追踪下去，但在我们实验中无法完成，因为这个实验本身只持续两年时间。但是目前我们正在收集有关患者血压、血胆固醇，患者是否服用降压药物等方面的体检信息，我们可以用这些数据来预测长期医疗费用支出情况。

除此之外，我不得不说的是我对医疗保险长期能降低医疗支出的观点持悲观态度，乔恩可能对此会有不同看法。在我看来，把减少医疗支出作为目标往往忽视重点，把钱花在健康上没有什么不好：也就是说，如果医疗保险提高了医疗支出水平，不见得是件坏事。有免费的午餐总是好的。实际上，我们很难在节省资金的同时改善人们的健康水平。

最后，回答乔最后一个问题（一个非常重要的结论）。乔谈到技术变化推动医疗费用支出，以及这又是如何表明技术变化是件坏事的。当然，在过去的40或50年间，人口的生存率快速上升，特别是65岁以上的人口，而这在很大程度上得益于技术的进步。我完全同意乔的看法，问题不是我是否需要更多或更少的技术改变，而是我们如何调整激励机制，以获得具有社会价值的技术变革。

对于澳大利亚使用药品目录的事情，我不像乔那么乐观。肯定有一些事情是几乎每个人都应该做的，也必然有很多事情是每个人都不应该做的。但是，不管是治疗效益还是偏好效益都有很大的异质性，很难把两者区分开来。

**阿罗：**我已经和几个人说过，控制成本的真正方法是撤销美国国立卫生研究院。有人说，他们每年会节约500亿美元；但我认为这不是重点，重点是所有昂贵的药物都是出自他们的研究结果。

由罗伯特·霍尔（Robert Hall）和查尔斯·琼斯（Charles Jones）计算的美国医疗卫生支出应该占GNP的30%并不是无稽之谈。这一数字也不是完全令人难以置信。健康问题之所以特殊是因为它是一种涉及税收的公共利益问题。而如果我们能够做到这一点并确保私营，这个问题可能并不复杂。但是，这里面有一个有趣的伦理困境：在医疗服务可得的情况下，我们不希望看到死亡。唯一的问题是他们支付不起，即使没有保险是他们的错。

几年前在塞拉俱乐部（Sierra Club）的公告上贴了一条国家公园服务中心制定的规则，规则规定，每个登山者必须佩戴头盔。但有个著名的登山者，也是一名高质量登山设备的制造商，以个人自由的名义拒绝遵守这条规则。但是他说，他知道国家公园服务中心这样做的理由是因为在戴头盔的情况下，当一个人被困或受伤时至少头部是完好无损，也就能更好地与救援人员合作，使得救援工作更为容易。因此，他说，唯一的建议是，如果你不戴头盔去登山也就意味着你可能不会被营救出来。

这件事让我震惊。我们放任人们的死亡存在某种道德上的判断。因此，为解决分配不公平，我们通过税收体系来筹资。虽然很难，但是你可以想到一个恰当的保险体系应该是购买保险的能力与收入水平有关。

让我先假设一下：我们能够克服所有的道德风险问题，而且我们的保险服务功能良好。但是，仍会面临一个问题，毕竟医疗支出与收入水平不成正比。如果人均医疗支出为8 000 美元，一个保险覆盖很显然不具有可持续性。因此，我们有医疗补助。换句话说，如果从经济的角度来看，我们的很多税收是扭曲的。由于税收负担过重带来的福利损失，导致医疗支出成本高于现金成本。

在我看来，这就是特殊问题出现的原因。因为，我们总说要以税收或其他方式来支付。而税收意味着政府的作用更大。但即使从纯粹的经济学角度来看，它也确实涉及福利损失，必须通过我们所获得的收益来抵消。

有趣的是，没有人会废除这种东西。未被保险的人群仅有5 000万，这就是为什么我们可以将之弃如敝屣。我们不会废除联邦医疗保险，实际上也不会反对医疗补助。令我惊讶的是大家意见的多样性，这就是它之所以成为一个大问题的原因。如果只是增加市场份额的问题，结果就不会如此。

**斯蒂格利茨**：我只有两点评论：

一是，我们已经讨论了供方的激励机制，其中一个有趣的点是对供方付费方式的不同会产生不同的效果，按服务收费会导致供方有动机多提供医疗服务。而健康维持组织按人头支付，就会使供方没有动机多提供服务。除此之外，我们总是希望声誉机制能够发挥作用，但实际上并非如此。特别是在选择有限的情况下。因为它很难解决激励问题。如果它很容易，我们现在就能解决它。很显然，其他国家在这方面做得更好，部分原因可能是肯提到的出于职业责任感，是一种有关道德的问题。

二是，我们一直专注于卫生部门，但实际上谈论得很少。卫生部门是我们关心的投入方，但不是最重要的投入方。相对于卫生保健服务，其他诸如营养、吸烟、饮酒都有可能对我们的健康产生更重要的影响。当然，为什么说这是一个经济问题是因为如果我们要补贴医疗服务的提供，会引发我们对征税和补贴行为的立场问题。

# 医疗保健中的不确定性和福利经济学

## 一、引言：范围和方法

医疗保健是规范经济学的研究对象之一。本文试图对医疗保健的特点进行初步研究。通过比较医疗保健行业的显著特征和福利经济学准则之间的差异，有观点认为，医疗保健的特殊经济问题与因应疾病发生和治疗效果的不确定性有关。

---

* 原文1963年发表于《美国经济评论》（*American Economic Review*），53（5），第941—973页。Copyright © 1963 American Economic Association。中译稿发表于《比较》第24辑。——编者注

需要指出的是，本文讨论的对象是医疗保健行业，而不是健康。影响健康的偶然因素有很多，而医疗保健的提供只是其中之一。特别是在低收入水平的条件下，诸如营养、住所、衣服和卫生设施之类的其他商品可能更重要。在这里，我想讨论医疗保健服务中的一系列重要问题，包括医生、个人行医和联合行医、医院以及公共卫生等。

本文着重讨论的是医疗保健产业的运作方式，以及该产业满足社会需要的有效程度，在做这样的讨论时，需要与标准情况进行比较。经济学家常用的“标准”是一个竞争性模型下的医疗保健服务供给流量和购买流量，以及为这些医疗保健服务支付的价格，而竞争性模型是指市场上每个人的决策都不影响现行价格，每个人都按现行价格提供或者购买医疗保健服务，在现行价格水平上医疗保健服务的总供给等于其总需求，而且供求不受其他限制。

之所以把竞争性模型作为标准，原因有二：一是它能说明问题；二是它有经济效率方面的含义。尤其是我们可以根据竞争性模型给出下面这个著名的命题（第一最优定理）：如果存在一个竞争均衡且与成本或效用相关的商品可以在市场上定价，那么必然存在如下精确意义上的最优均衡（帕累托最优均衡）：任何其他资源配置方式都不能使市场上所有参与者的境况得到改善。

最优定理的条件和最优化的定义都需要进一步讨论。定义只是定义，不过当我们给出的一个定义备受欢迎而且广为使用时，我们实际上是在说服人们接受它；我们以隐含的方式推崇最优状态的实现。[①] 我们有充分的理由认为，如果改变资源配置可以使所有参与者的境况得到改善，那就应该改变资源配置；这是一个价值判断，不是一个描述性命题，但它是一个很弱的价值判断。由此可知，忍受非最优的配置是不值得的。但这并不意味着如果我们面临帕累托意义上的最优配置，就不应做其他任何改变。在帕累托最优配置上，我们的确无法做出一个不损害他人的改变；但是我们仍可以做另一种合理的改变，只要这一改变能使足够多的参与者得到改善，而且他们的改善使我们觉得收益远远超过给另一些人带来的损害。这些人与人之间的比较，当然是价值判断。然而，根据上文的观点，这一改变应该是一种最优状态；当然，有许多可能的状态，从本文使用的最优含义来看，它们都是最优的。

每种可能的资源配置方式都有与其相对应的可能的收

① Little（1950，第71—74页）强调了这种观点。关于“令人信服的定义”的概念，参见 Stevenson（1945，第210—217页）。

益和成本分配，然而一般来说，对每种收益和成本分配的合理性进行价值判断是没有必要的。从某种意义上看，如果某些条件得到满足，对收益和成本分配的价值判断就可以独立于对资源配置本身的价值判断。在陈述相关命题之前有必要指出，竞争均衡的实现在很大程度上取决于购买力的初始分配。购买力由资产和技能所有权构成，而资产和技能所有权则对市场价格有着决定性的影响。一般来说，人们之间的资产转移将改变最终产品和服务的供给以及支付价格。因此，将健康人的购买力转移给病人会增加对医疗保健服务的需求。在短期这表现为医疗服务的价格上升；在长期则表现为医疗服务供给数量的增加。

有了这些观点，可以得出如下论点（第二最优定理）：如果在生产过程中不存在规模报酬递增，如果其他某些次要条件得到满足，那么每一个最优状态都是一个与购买力的某一初始分配相对应的竞争均衡。从操作层面讲，这一命题的重要性在于，如果这两个最优定理的条件得到满足，如果真实世界的配置机制满足竞争性模型的条件，我们就可以将社会政策限定在那些改变购买力分配的措施上。对于任何给定的购买力分配，根据我们给出的假设，市场将达到一个必然是最优的竞争均衡；而且任何最优状态都是一个对应于某一购买力分配的竞争均衡，因此任何理想的最优状态都可以实现。

人们之间的购买力再分配大多采取货币形式：税收和补贴。一般来说，这种转移对个人满意度的影响是无法事先知道的。但是，我们可以假设社会能够事后对个人满意度做出判断，如果人们对购买力的再分配表示不满，就应该在随后的转移中采取措施来矫正购买力的再分配。因而，通过连续的矫正，同时利用市场配置资源并将公共政策限定在货币收入的再分配上，[①] 就可以达到一个更优的社会状态。

相反，如果真实的市场与这一竞争性模型相差很大，或者两个最优定理的假设得不到满足，那么资源配置和再分配过程的分离多半是不可能的。[②]

分析医疗保健市场的第一步是对真实市场和竞争性模型进行比较。这种比较的方法已成为一个多世纪以来经济学领域反复争论的主题。最近米尔顿·弗里德曼（Friedman，1953）极力主张，竞争性模型或任何其他模型都应用它的预测能力来进行检验。他进一步认为，在竞争情形中价格和数量是唯一重要的数据。在强调某个模型的假设

① 即使在上面的假设下，资源配置和收入分配的分离也忽略了执行任何合理的再分配政策时存在的问题。在实践中，任何税收和补贴政策都有可能对最优状态的实现产生负面影响。这不是本文要讨论的问题。

② 上文简短地提及的两个福利经济学基本定理是众多文献讨论的主题，但是所有的论述既不能完全令人满意地说明这两个定理本身，也不能说明这两个定理的例外情况所具有的重要意义。

有些脱离现实并不能证明该模型没有价值时，弗里德曼的观点是有用的。但如果没有大量的计量工作，要想得出竞争性价格模型的价格和数量含义很难而且多半是不可能的。

在本文中，用于评估医疗保健市场竞争程度的数据包括了机构组织和更多可观察到的医疗行业。我也探讨了使竞争均衡和最优状态等价的前提条件。在本文中，主要的竞争性前提有三个：竞争均衡的存在性，与成本和效用相关的所有产品和服务的可销售性（marketability），不存在报酬递增。我们看到的前两个前提确保竞争均衡必定是最优的；第三个前提确保每个最优状态是对应于某个收入分配的竞争均衡。① 第一个和第三个前提条件是相关的。不存在报酬递增和并非现代经济特有的一些额外条件意味着存在一个竞争均衡，也就是说存在一组使所有市场出清的价格。②

可销售性这一概念比私人成本与社会成本、私人收益和社会收益不一致的传统概念要略为宽泛。后一个概念是指如下情况：市场不会因为某个人给他人带来损失而要求他承担成本，也不会因为某个人给他人带来收益而让他获

① 还有更次要的条件，对此的讨论可参见 Koopmans（1957，第 50—55 页）。

② 有关均衡存在性条件的更精确论述，参见 Koopmans（1957，第 56—60 页）或 Debreu（1959，第 5 章）。

得回报。在医疗领域，明显的例子是传染病的扩散。没有接种疫苗的人不仅有可能自己得病（这是不接种疫苗带来的一种负效用，不接种疫苗的人也许已经对这种负效用和不接种疫苗带来的正效用进行了权衡比较），而且有可能使别人得病。在一个理想的价格体系下，不接种疫苗的人必须给那些健康受到威胁的人支付一个价格，该价格高到足以使他们觉得受到了补偿；或者相应地，其他人为了诱使不想接种疫苗的人接种疫苗，也必须支付一个价格。这两种价格体系都将导致最优状态，但对分配的影响却各不相同。当然，不难看出事实上这种价格体系并不可行；为了尽可能实现最优状态，有必要采取补贴、税收或强制等形式的集体干预。

对于可观察到的、技术上可行而且对某个人的福利产生或好或坏影响的行动来说，缺乏可销售性意味着在现有市场上服务的供给和需求都不能通过价格来实现。不可销售性可能是由于产品的内在技术特征使合适的价格无法得到执行，传染病就是这样的例子；或者是由于社会控制或历史上沿袭下来的控制措施，例如禁止人们卖身为奴。虽然精确区分上述两类原因造成的不可销售性对政策制定来说有显而易见的重要性，但事实上要做这样的区分非常困难。不过就本文来说，不可销售性等同于可观察到的市场缺失。

就不可销售性而言，我们最关心的是风险承担问题。医疗保健和风险承担的相关性似乎是显而易见的；疾病在相当大的程度上是一种不可预测的现象。许多人都愿意为转移疾病风险支付一个价格。但是，有些人却愿意承担风险，因为他们既能分散风险，也有承担风险的较强意愿和能力。尽管如此，正如我们将更详细地看到的，许多风险并没有得到覆盖，而且风险覆盖服务市场确实发育不良或者不存在。其中的原因将在第四部分的第C小节详细解释。简而言之，设计可以充分区分各种风险的保单是不可能的，尤其是，很难依据观察到的结果来区分可规避的风险和不可规避的风险，从而规避风险的动机就被弱化了。

上文讨论的最优定理常出现在只涉及确定性条件的文献中，但如果把风险承担服务纳入其他商品中，就不难将最优定理扩展到有风险的情形。①

然而，世上可能的风险之多简直令人难以想象。与风险相关的商品实际上还包括对世上所有可能发生的、会影响效用的事件打赌。事实上，许多这些“商品”，例如合理规避多种风险，完全不可能得到。因此，相当多的商品是

---

① 该理论的不同表述似乎是由Allias（1953）、Arrow（1953）和Baudier（1959）首先提出的。更一般化的讨论可参见Debreu（1959，1960，第7章）。

不可销售的，而且连基本的竞争性前提都无法满足。[①]

引入风险承担的种种因素还会带来一个更加难以处理的问题。当存在不确定性时，信息或知识就成为一种商品。像其他商品一样，信息也有生产成本和传输成本（可以用货币，也可以用时间或负效用来衡量这些成本），因此它自然无法传播给所有人，而是集中在可以从中获益最多的那些人身上。但是，对信息的需求难以用通常的理性标准来讨论。卖者经常无法充分理解信息的价值；的确，如果他知道如何衡量信息的价值，他将知道信息本身。但是，以专业护理表现出来的信息就是从大多数医生和专家那里购买的商品。信息有着令人难以捉摸的特征，因此对信息这种商品来说，关于商品可销售性的一般假设基本上是不适用的。[②]

毋庸置疑，风险和不确定性是医疗保健市场的重要因素。在我看来，医疗保健产业的所有特性几乎都源自普遍

---

① 还应该指出的是，如果存在不确定性，那么足够小的不可分性几乎不会影响竞争均衡的存在性和有效性，但是由于大数定律的作用，它们有可能引起相当大的报酬递增。由于绝大多数投保标的物（生命、火灾等）具有某种程度的不可分性，因此保险公司必须具备一定的规模。但是，这一结果实际上是否足以严重影响竞争均衡的存在性和有效性，还有待讨论。

② 研究也是生产信息的一种方式。信息这种产品不同于普通商品，在使用上具有报酬递增的特点，这是因为新思想一旦开发出来，就可以源源不断地反复使用，而且对信息的市场控制也是很难实施的，因为信息的再生产成本通常远低于其生产成本。因此，一个自由企业经济对研究投资不足，也就不是一件值得大惊小怪的事情。参见 Nelson（1959）和 Arrow（1962）。

存在的不确定性。

由于某些风险缺乏风险承担的市场，因此想以一定的价格向他人转移风险的人，以及愿意按此价格承担风险获取利润的人都会遭受福利损失。不仅如此，风险承担市场的缺失还使人们更不愿意提供或消费有风险后果的服务；用专业术语来说，有风险后果的商品或服务与风险承担是互补的。相反，低风险商品或服务的生产和消费与风险分担是相互替代的，与风险承担相关的市场失灵将推动低风险商品和服务的生产与消费。因此，其他市场的缺失将影响实际观察到的商品模式。

一个或多个竞争性前提的失效导致了一个最直接、最明显的后果，那就是从现有资源和技术中可获取的福利下降了，因而没有达到帕累托意义上的最优状态。但是，由此带来的后果实际上远不止这些。在此，我认为，当市场无法达到一个最优状态时，社会至少会在一定程度上认识到现实与最优状态之间的差距，非市场的社会制度就会出现，并试图填补这一差距。① 当然，这一过程不一定是有意识的；如果考虑所有可能的后果，不断接近最优状态的

① 在现代武器的生产和采购中，由于存在巨大的风险，因此常规的市场关系必须进行重大的调整，参见 Peck and Scherer（1962，第 581—582 页）。作者感谢 V. Fuchs 和 Alcihan、Arrow and Capron（1953，第 71—75 页）。

努力也不一定都能获得成功。经济学家经常乐于指出，能够实现一个理想目标的行动可能不会产生什么明显的结果，特别是随着时间的变化，这些结果有可能抵消原先的收益。

风险承担的不可销售性和信息的无法完全市场化导致了对最优状态的偏离，本文认为，医疗保健市场特殊的结构特征很大程度上是为了克服这种偏离。这些补偿性的制度变化，以及由利润动机带来的某些制度改进，很大程度上解释了医疗保健市场中观察到的非竞争行为。这些行为本身妨碍了最优状态的实现。因而，社会向最优状态的调整为自己设置了障碍。

如果无法通过市场达到最优，社会将力求以非市场手段达到最优，这一理论并不新颖。当然，政府至少在它的经济活动中经常或明或暗地发挥着替代市场失灵的功能。[①]我认为在某些情况下，其他社会制度会出现以实现最优状态。具有各种或古老或现代的特殊制度的医疗保健行业说明了这种趋势。

这里要指出的是，对收入再分配的偏好——表现为政府税收、财政支出政策以及民间慈善——基本上可以重新

① 这一观点的明确陈述可参见 Baumol（1952）。但是，我认为有关政府职能的绝大多数讨论都没有明确地表明这种观点。

解释为对保险的需求。值得一提的是，几乎没有一个补贴制度简单地将收入均等化作为其目标。补贴或者其他政府救助旨在帮助那些因不可预测的事件而承受生活不幸的弱势群体，如盲人、需要人抚养的儿童、缺医少药者。因而，在考虑风险承担的情形下，实现最优状态需要同时包含很多政策或行为，从一个狭义的角度来看，这些政策或行为似乎由分配方面的价值判断所推动。①

根据这些方法论背景，本文的结构安排如下：第二部分对不同于一般商品市场的医疗市场做典型化的概括。第三部分对医疗市场的行为与确定性条件下的竞争性模型进行比较。第四部分则对医疗市场的行为和前提条件与不确定性条件下的理想竞争市场进行比较；并试图说明第二部分概括的那些特征是偏离竞争性前提的结果，或者是借助其他制度来消除市场失灵的尝试。本文的讨论并不要求得出确定性的结论，而是要抛砖引玉，启发更多的讨论。尤其是，我对政策推论持极为谨慎的态度，因为政策推论在很大程度上取决于进一步的研究，而本文只是试图提供一个框架。

---

① 在写这一段的时候，我发现 Buchanan 和 Tullock（1962，第 13 章）认为，所有的再分配都可以被理解为“收入保险”。

## 二、 医疗保健市场的特征[①]

这一部分将有选择地概括医疗保健不同于经济学教科书中普通商品的一些特征。这里概括的特征并不是排他性的，单个看，这些特征并不是医疗保健市场所独有的。但是，把这些特征放在一起，的确使医疗保健在经济分析中具有独特的地位。

### A. 需求的性质

人们的医疗服务需求有一个最明显的特征，即它不像食物或衣服的需求那样稳定，而是不规则、不可预测的。除了预防性服务外，医疗服务只有在疾病发生时才能给人带来满足感，这一点不同于普通商品。的确，很难想象其他商品会在平均预算中有着医疗服务这样的重要性。专门为刑事审判中的被告或者为民事诉讼提供的一部分法律服务也许可以归入这一类，但是发生的概率确实很低（事实上法律和医疗保健市场存在很强的制度相似性）。[②]

---

① 更具启发性的研究，可参见 Mushkin（1958），我也从中获益良多。

② 在政府需求中，军事力量的使用是不规则、不可预测的。在这里，特殊的制度和行业关系仍会出现，但准确的社会结构因某些无法分析清楚的原因而有所不同。

另外，对医疗服务的需求与身体受到伤害有很大的相关性。人们总是面临着一定的死亡风险和相当大的身体功能受损的风险，尤其是谋生能力下降或受损的可能性很大。这些风险本身并不独特；食品是一种必需品，足够的收入可以确保人们免受食品短缺之苦，但是同样的手段并不能用来避免疾病。因此，疾病不仅是危险的，而且除了医疗保健成本外，疾病本身就是一种高成本的风险。

### B. 医生的期望行为

我们从日常观察中可以清楚地发现，医疗保健服务出售者的期望行为不同于一般商人。这些期望行为之所以重要，是因为医疗保健属于产品和生产活动完全相同这类商品。对所有这类商品来说，消费者在消费之前完全无法检测商品，而且交易关系中还存在信任因素。[①] 但是，对医生的道德约束要比其他商品生产者比如说理发师更加严格。医生应该以关注病人的福利为行动指南，而这种关注并不是人们期望普通商人应该有的行为。用帕森斯（Talcott Parsons）的话来说，就是存在一个“集体导向”（collectivity orentation），它使医疗服务业有别于其他行业，对后者来说，

① 即便是物质商品，商品检测也不足以消除所有隐含的信任因素。当然，从长期来看，从某个销售者的产品质量中获得的经验可以减少信任因素。

参与者的自利是公认的准则。[①]

对于医生的期望行为和典型商人的期望行为之间的差别程度，可以做如下几点说明[②]：（1）医生之间几乎不存在广告和公开的价格竞争。（2）医生提出由自己或他人进行进一步治疗的建议被认为与自利完全无关。（3）医生至少可以宣称，治疗是根据病情需要确定的，而不受费用因素的限制。[③]然而，实际的道德约束并不像理论描述的那样不容置疑，我们无法假设它对医疗领域的资源配置没有影响。各种形式的慈善治疗确实存在，原因在于人有权利充分享有医疗保健的传统。[④]（4）人们将医生视为服务于法律或其他目的专家，让他们证明当事人是否存在疾病和损伤。全社会都期望，医

① 参见 Parsons（1951，第 463 页）。该书整个第 10 章对医疗行业的社会作用进行了很有启发性的分析。尽管帕森斯感兴趣的领域与我感兴趣的领域有所不同，但是我还是要感谢他的研究。

② 对于这里及后面各段中的某些观点，我要感谢约翰霍普金斯大学的 Herbert Klarman。

③ 医疗行业的道德准则要求治疗不受病人支付能力的影响，这是一种极为根深蒂固的观念。像 Rene Dubos 这样富有洞察力的观察家认为，抗凝血剂的高昂成本限制了它们的使用，而且与医疗行业传统的道德准则相矛盾，这似乎是一种前所未有的现象。参见 Dubos（1959，第 419 页）："当医疗行业的道德准则不得不接受冷酷无情的经济学的审视时，一个新时代离我们不远了。"当然，这种预期忽略了医疗资源的稀缺性。一个人只有变成穷人才能认识到这种稀缺性。我们可以自信地断言，价格和收入的确会对医疗支出产生影响。

④ 病人接受的各种医疗保健的性质，以及收入上升时购买的医疗保健的性质是一个值得研究的领域（相关的收入概念也值得研究）。就此而言，某些分解是必要的。医院提供的服务是有差别的，这些差别实际上关系到病人感受到的舒适程度，因此根据上面的观点，它们对收入的敏感程度要高于药品对收入的敏感程度。

生看重的是正确地传达信息，而不是取悦顾客。[①]

相较私人医院，非营利医院占绝对主导地位，这显然表明对利润动机的偏离。[②] 医院提供的服务本身与宾馆等单位提供的服务并没有太大差别，因此不能断然否认利润动机会导致更有效率的供给。对此的解释要分别从供需两方面讲。最简单的解释是公共和私人补贴将减少病人在非营利医院的成本。第二种可能是将利润创造和医疗服务的供给联系在一起，会引起病人和转诊医生间的猜疑与对抗，所以他们确实偏好非营利医院。这些解释都意味着确实有一部分人，可能是捐赠人也可能是病人，反对医院在提供医疗服务时的逐利动机。[③]

由于医患关系会影响到医疗保健产品的质量已成为共识，因此遵循集体导向行为就相当重要。纯粹的现金联系可能是不够的；如果没有其他情况，病人希望能由相同的医生为他持续提供规范的治疗。这种期望如此强烈以致在医疗保健完全脱离市场的苏联也会持续（Field，1957，第

① 社会主义社会进一步加强了这一作用。在那里，政府本身积极关注与工作有关的疾病。参见 Field（1957，第 9 章）。

② 1958 年，私立医院的病床数大约为 3%，而非营利医院的病床数为 30%，其余的病床数属于联邦、州和地方医院。

③ C. R. Rorem 曾经向我指出分析中的其他因素：（1）假定社会打算帮助所有穷人，但没有考虑到直接的支付能力，规模经济将使社区医院占主导地位；（2）某些私立医院倾向于更加密切地控制病人的总成本，包括医生的费用，因此医生往往偏好社区医院。

194—196 页）。客观上，人们无法把医生和病人之间这种纯粹的精神互动产生的各种效果与药物效果区分开来，但可以使用安慰剂作为一种医疗实验控制手段来证明这种精神效果（Shapiro，1960）。

### C. 产品的不确定性

在医疗保健领域，产品质量的不确定性可能比其他任何重要商品都要严重。疾病的痊愈就像疾病的发生一样不可预测。对于大多数商品来说，从自己或他人的经验中学习的可能性很大，因为有足够多的反复试验。如果病情严重时，这种学习一般是不可能的；由缺乏经验导致的不确定性加大了预测的难度。而且，对于重病的医疗保健来说，以效用变化来衡量的不确定性程度，当然要高于房产或者汽车的不确定性程度，尽管后者也不是经常性的支出项目，因此也可能存在相当大的不确定性。

此外，医疗保健还有一种特殊性质的不确定性，即对交易双方来说，不确定性有很大的差异。由于医疗知识非常复杂，医生对治疗结果和治疗可能性掌握的信息必然大大超过患者，或者至少医患双方是这样认为的。[1] 更进一步

---

① 虽然没有评估现状，但是从事后来看，在过去的某些时点上，医生的知识差异可能很大，但是从经济学的观点来看，他们的市场行为表明，这是双方的主观判断，这一点很重要。

说，双方都认识到这种信息的不对称，而且这种认识扭曲了他们的关系。

为了避免误解，本文把信息差异看成是一种购买医疗保健导致的信息差异。对于任何商品来说，购买者不可能像生产者那样掌握生产手段方面的信息，但是在许多情况下，消费者可能会像生产者一样很好地知道产品的效用。

D. 供给条件

在竞争理论中，一种商品的供给由生产这种商品的净收益决定，这里的净收益是相对于把生产该商品的资源用于其他地方可获得的收益而言的。医疗市场上的情况却与这一理论有几个重要的不同之处。

很显然，进入医疗行业受到执业许可的限制。执业许可当然会限制供给，从而增加医疗保健的成本。执业许可被看作一种最低质量保证。许多行业都有进入的许可限制，其中包括理发业和殡葬业。

第二个特征可能更加值得注意。今天医疗教育成本高，而且根据通常的数据，学生只承担很小的一部分。因此，对获得医疗教育的学生来说，其私人收益远远超过成本（然而，科研成本可能不恰当地记在教育头上，从而使原本就很明显的差异进一步扩大）。理论上，这种补贴会造成医疗服务价格的下降，然而入学限制和学习期间的淘汰制抵消了这种价格下降。如果不考虑外国学校的毕业生，这些限制基本上会导致过量的执业许可。

在所有需要高级培训的职业中，都可以看到教育机构在补贴和入学配给方面发挥特殊的作用。[①] 一个重要但讨论不多的现象是，这样一种重要的资源配置作用应改由非营利机构来承担。

由于后一种现象并不是医疗领域特有的现象，因此除了指出在医疗领域非常规现象相当突出外，本文将不做详细评论。医疗领域的教育成本远远高于任何其他领域的职业培训。因而，尽管学费相同或者稍高，但补贴会更多，同时在所有职业中，医生的收入是最高的，所以乍一看，似乎没有必要对医疗行业的进入实行特殊激励。基于本文未加讨论的某些原因，我们承认社会可以从补贴性职业教育中获益，但是为什么不同职业的补贴率应该不同仍不清楚。也许人们希望医学院学生的学费应该比其他学生高。

美国高昂的医疗教育成本本身反映了自《弗莱克斯纳报告》以来由美国医疗协会施加的质量标准，而且我认为，从那以后医疗教育方面的补贴因素已经变得重要。以前，许多医学院自筹经费而且创造利润。

---

① 不同职业教育机构的补贴程度值得进行深入的研究。

对补贴性教育进入施加限制的另一个有趣特征是，个人对社会福利的偏好程度，如对私立大学的捐款。但是，不管是公众的支持还是私人的支持，关键在于医疗保健供给的质量和数量受到社会非市场力量的强烈影响。①②

控制质量的一个显著后果是限制了供应范围。如果同一种商品存在多种质量是可能的，那么在竞争性市场上经常发生这样的情况，即市场将以合理的不同价格提供不同质量的同种商品从而吸引不同的偏好和收入。执业许可法和医学院培训标准都限制了不同质量的医疗服务相互替代的可能性。在医疗保健业全体就业人员中，医生的比重不断下降，这表明培训不足的人员、技术人员以及类似人员之间的替代并未完全被阻止，但是受过高层次培训的医生仍然有其重要地位。③

**E. 定价行为**

医疗保健业不同寻常的定价行为和态度是众所周知

---

① 严格地说，对医生来说有四个市场变量：价格、进入学生的质量、教育质量，以及数量。基本的市场力量，即医疗服务的供给和需求决定了其中两个变量的关系。因此，如果非市场力量决定了后两个变量，则市场力量决定价格和进入者的质量。

② 博士的供给也是受控制的，但市场中还有其他与此不同的条件，尤其是需求方面的条件。

③ 目前，只有苏联提供较低水平的医务人员，即赤脚医生，他们主要在乡村地区行医（这种制度可以追溯到18世纪）。根据Field（1957，第98—100页，第132—133页），有明显的证据表明，医生和赤脚医生之间关系紧张，但是随着医生人数的增加，赤脚医生是否会逐渐消失，这一点并不清楚。

的：根据病人的收入情况采取广泛的价格歧视（对赤贫者收取零价格）；强烈支持服务收费，反对预付这样的替代做法。

反对预付与更强烈地反对封闭式医疗（closed-panel practice，将病人与特定的一组医生绑在一起的合同安排）紧密联系在一起。这种态度似乎使医疗行业有别于一般行业。预付和封闭式计划在法律行业几乎不存在。但是，在普通行业中广泛存在与风险分担有关的排他性服务合同。但是，竞争可以使那些能够最好地满足需要的产品或服务提供者脱颖而出。[①]

这里还要提到隐性和显性价格固定的问题。价格竞争不受欢迎。在服务业，价格固定这种安排很常见，而且他们不会受到反垄断诉讼。这种定价行为的意义很难评估。有人多次指出，有管理的价格表面上的价格刚性极大地低估了价格的实际弹性。本文也持这样的观点，如果医生发现自己总有空闲时间，医疗服务的价格可能会或明或暗地下降；如果医生没有足够的时间去满足需求，医疗服务的价格肯定会上升。价格竞争的“道德准则”也许会降低价格反应的弹性，但也可能是仅此而已。

---

① 法律确实限制合同中的风险转移，例如法律通常拒绝认同无罪条款。

## 三、与确定性条件下竞争性模型的比较

### A. 不可销售的商品

正如本文已经指出的那样，传染病的扩散是一个非市场互动的例子。但是从理论的视角来看，这个问题已经得到了充分的说明，因此没有必要再做深入探讨（这不应该被解释为使公共卫生对福利的贡献最小化；有充分的理由认为它比医疗保健的所有其他方面更重要）。

在传染病这个特殊领域外，还有一个更一般的相互依赖关系，就是人们对他人健康的关注。这种偏好在经济方面的表现就是个人对医院、医学教育的捐赠，以及政府应该在医疗服务领域担起应有责任的这样一种普遍看法。人们对改善他人健康的偏好显得要比对改善他人其他福利的偏好更强烈。[①]

在关注他人福利而产生的相互依赖关系中，只要每个参与者从所有人的贡献中获得满足，那么就有集体行动的理论理由。

---

① 这种现象可能存在识别问题。如果市场失灵，或者说医疗市场的失灵比食品市场的失灵更严重，那么原本对福利的这两个方面给予同等关注的人，可能会偏向于关注前者（即健康）。

### B. 报酬递增

与报酬递增相关的问题在医疗领域特别是低密度或低收入地区的资源配置中起着一定的作用。医院规模达到一定点后会出现报酬递增；专家和一些医疗设备往往具有不可分性。在世界许多地方，即便是单人医生相对于需求来说，也是一个大的单位。在这种情况下，对合适的医疗单位给予补贴是符合社会要求的。这种分析模式非常类似于水资源项目的分析。在美国大城市中，报酬递增一般不是一个重要的问题，而且交通条件的改善在一定程度上降低了报酬递增在其他地方的重要性。

### C. 进入

医疗领域对竞争性行为的一个最显著偏离是它的进入限制，正如第二部分第 D 小节讨论的。弗里德曼和库兹涅茨详细考察了二战前的数据，认为医生的较高收入可归因于进入限制。①

有证据表明，申请医学院的需求出现了下降趋势（如每个地方申请者的数量和那些被允许进入的质量所显示的情况），从而使医学院数量并不像 20 世纪 50 年代早期那样

① 参见 Friedman and Kuznets（1945，第 118—137 页）。这里的计算涉及许多假设，因此非常烦琐；也可参见 C. Reinold Noyes 的评论（Friedman and Kuznets，1945，第 407—410 页）的评论。

是进入的重要壁垒（U. S. Department of Health，Education and welfare，1959，第14—15页）。但是，不管过去还是现在，医学院数量仍然发挥着进入壁垒的作用，而且从现在的情况来看，这种作用还是相当大的。显然，从医疗保健的供给方面来看，医学院是一个不容忽视的直接限制因素。

评估进入限制的重要性时，必须考虑如下几个因素：（1）额外的进入者通常质量较低；因此，医疗保健供给的增加，需要根据质量做出适当的调整，经调整后的增加量要比纯粹的数量计算所显示的要少。[①]（2）为实现真正的竞争，不仅有必要取消对进入的数量限制而且有必要取消对医疗教育的补贴。像其他生产者一样，医生应该承担所有的生产成本，包括这里所说的教育成本。[②] 这种改变是否会使限制性的进入低于目前的进入水平，还有待进一步的确认。（3）从某种程度上说，让学费包括全部的教育成本将导致过少的进入者而不是太多的进入者。假定资本市场是不完善的，没有现金的人很难获得医疗教育贷款。贷款人也没有切实的安全保障。解决这个问题的方法显然是某种形式的有保险贷款，这也是经常被讨论的方法。为医疗

① 也许有人认为，进入方面存在的种族歧视意味着某些被拒绝的申请人优于某些被接受入学的人。但是进入人数的增加与种族歧视的减轻之间并不存在必然关系。只要进入的需求过多，歧视就不会减少，新的进入者就有可能比以前被接受的人差。

② 这里的问题是，税法不允许职业教育提取折旧，因此对职业教育投资存在歧视。

（以及其他各种较高的）教育创造一个信用体系并不需要太多的独创性。即使如此，成本仍然是一种进入壁垒，但应该把这种进入壁垒与未来将获得的高收入进行比较。

如果进入受到理想的竞争性条件的控制，进入者的总体数量将增加，但这一结论并不是显而易见的。虽然在理想的信用体系下，补贴加上有选择的进入会吸引一些原本有可能进入其他行业就业的高质量人群，但平均质量仍然有可能下降。由于医疗行业进入者的质量下降伴随着其他行业进入者的质量提高，因此不会带来总体上的社会损失。如果需求能准确地反映效用，从限制性的进入转向竞争性进入就会产生一个净社会收益。[①]

医疗服务行业的进入行为还有第二个特点，从许多方面看这个特点都与竞争性行为有很大的不同。医疗行业的进入限制排除了对医生的不完全替代。尽管执业许可法律并不能有效限制医生的数量，但排除了其他人参与任何行医活动。结果医生昂贵的时间花在某些特殊任务上，而这些任务只需少量培训就可胜任，而且可由那些未受过良好培训的人来承担，因而相对来说比较便宜。人们可能希望免疫中心由私人运营，但并不一定需要医生的服务。

---

① 从下文的讨论看这一条件不一定非得满足。当涉及质量选择问题时，市场可能并不准确。

确定性条件下的竞争模型假设消费者能够区分他们所购买的商品的质量。根据这个假设，执业许可有可能是多余的，它把那些无论如何都不会有人向其购买医疗服务的人排除在医疗行业之外，或许排除了太多的人。

### D. 定价

医疗行业的定价行为（见本文第二部分第E小节）严重偏离竞争准则。正如凯塞尔（Kessel，1958）尖锐地指出，不仅价格歧视与竞争模型不相容，而且大量的医生保持价格歧视实际上就是一种集体垄断。在过去，医疗行业还无视市场压力采取独特的强制形式反对预付计划。

凯塞尔认为，价格歧视属于传统的歧视性垄断行为，旨在获取最大利润；他还认为医疗行业有组织地反对预付，是出于保护利润的动机。理论上预付计划与歧视是相容的，但在实践中它们并不经常产生歧视。我认为，歧视的实际范围是以利润最大化为目标这种说法不足以令人信服。尤其需要指出的是，对歧视或者其他任何方式的垄断，每个市场在利润最大化点的需求弹性大于1。但对医疗保健来说，所有收入水平的需求价格弹性几乎都小于1。根据收入情况实施的价格歧视并不都是以利润最大化为目标的，这一点充分体现在慈善活动中。凯塞尔指出，这是一种较为缓和的公众观点，但它也表明了模型的不完善及社会和道德因素的重要性。

当然反对预付的一个重要方面是它与封闭式医疗的密切联系。预付是一种保险，因为每个医生本质上都不愿意承担风险。风险分担是一个固有的问题，它强有力地推动了价格和收益控制，本文第四部分将对此做深入的讨论。最简单的价格和收益控制是封闭式医疗；参与封闭式医疗的医生实际上成了保险代理人。蓝十字会（Blue Cross）正是从这种观点出发来推广封闭式医疗，试图以此来解决预付问题。

没有充分的证据表明，根据收入情况实施的价格歧视是利润最大化的一种形式，反对付费服务的人极力维护这种定价行为。但是，不管怎样，这种价格歧视都是导致非最优状态的根源之一。假定所有人都面临相同的价格，而且富人对穷人的相对地位变化给予补偿，那么每个人的境况都会改善。价格歧视造成的福利损失大小取决于歧视的实际数量和不同的收入群体对医疗服务的需求弹性。如果我们只考虑两种收入群体，富人和穷人，如果两个群体的需求弹性都为0，那就不会有医疗服务的再分配而且初始状态是最优的。价格变化的唯一效应就是医疗行业和0需求弹性群体之间的收入再分配。如果需求弹性低，净社会收益将很小。为了便于说明，假设富人的医疗价格两倍于穷人，富人的医疗支出是穷人的20%，而且两个收入群体的需求弹性均为0.5；那么废除价格歧视的净社会收益只会略高于原先医疗支出的1%。[①]

反对预付中涉及的各种问题也是医疗服务定价方面主要的非常规现象，在一个确定性的世界里讨论没什么意义，因此我们将这些问题留给下文讨论。

## 四、与不确定条件下理想竞争模型的比较

### A. 引言

在这一部分，我们将比较现实医疗保健市场的运行和

---

① 假设有两个收入群体，富人和穷人；富人的医疗服务价格两倍于穷人，富人的医疗支出是穷人的20%，两个收入群体的需求弹性均为0.5。让我们选择数量和货币单位，使富人和穷人消费的医疗服务数量以及他们支付的价格都等于1。富人以价格2购买0.1单位医疗服务。根据需求弹性的假设，富人的需求函数为 $D_R(p)=0.14p^{-0.5}$，穷人的需求函数为 $D_P(p)=p^{-0.5}$。假定医疗服务的供给函数是固定的，因此必定等于1.1。如果取消价格歧视，均衡价格 $\bar{p}$ 必定满足下列条件：

$$D_R(\bar{p})+D_P(\bar{p})=1.1$$

因此 $\bar{p}=1.07$。富人和穷人购买的医疗服务数量分别为：$D_R(\bar{p})=0.135$ 和 $D_P(\bar{p})=0.965$。

反需求函数，即与任何给定数量相对应的价格服务为 $d_R(q)=0.02/q^3$，$d_P(q)=1/q^2$。价格变化给富人带来的消费者剩余为：

$$\int_{0.1}^{0.135}(0.02/q^2)dq-\bar{p}(0.135-0.1) \quad (1)$$

同样地，价格变化给穷人带来的消费者损失为：

$$\int_{0.965}^{1}(1/q^2)dq-\bar{p}(1-0.965) \quad (2)$$

如果（2）式减去（1）式，可以消去第二项，消费者剩余的总增加额为0.0156，略高于初始支出的1%。

理想系统的运行，在理想系统的状态下，市场不但可以提供普通的商品和服务，而且可以提供针对所有可能风险的保险单。[①] 现实与理想的偏离主要是那些有提供的可能但实际上却没有做到的保险。我们关注的焦点在于，这些潜在的商品究竟是完全不可能由市场提供，还是仅仅由于市场上存在某些缺陷而造成没有提供。

我们在第一部分中谈到过，医疗保健中涉及两种风险：生病的风险，痊愈或部分痊愈或推迟痊愈的风险。由疾病直接导致的损失只是医疗保健成本的一部分，此外还包括生病期间的不舒服、生产时间的损失，以及（在严重的情况下）人的死亡或者长时间未能恢复机体的正常功能。从不确定性的福利经济学的视角来看，以上两种损失都是个人想要投保的风险，如果没有合适的、针对这两种风险的保险，都意味着一种福利损失。

## B. 理想保险理论

这一部分将讨论提供风险担保服务的最优模式的基本原则。为了便于说明，我们将主要采用针对医疗保健成本

① 苏联流亡人士对苏联的医疗实践和德国或美国的医疗实践所表现出来的偏好很好地说明了对安全的医疗保健的需求，参见 Field（1957，第 12 章）。那些在德国的苏联流亡人士喜欢德国的体制，不喜欢苏联的体制，而那些在美国的苏联流亡人士（3∶1）则喜欢苏联体制，不喜欢美国体制。其原因可以归结为独立于收入波动和健康变化的医疗保健的确定性。

的保险案例。这些原则也可以适用于所有风险。我认为这些原则可以比较容易地被大家理解，但这里并没有一个特别简明的案例。

作为分析的基础，我们做出这样的假设，即每个人都会最大化效用函数的期望值。假设效用与收入相联系，那么，医疗保健成本所起的作用就是，在收入中减去一个随机扣除项，这样，我们要考虑的就是收入扣除医疗成本之后的效用的期望值。（在扣除医疗成本之后，剩余的收入代表了人们将钱花在其他能产生满足的物品的能力。我们假设，疾病本身不能给人带来满足；如果要把疾病当成不满足的来源，那么它应该另外作为一种独立变量进入效用函数。）在对涉及不确定条件下的行为进行分析时，伯努利（Daniel Bernoulli，1738）最早提出的期望效用假设是最普通、也最容易控制的。在任何情况下，它的分析结论与其他分析模式的结果都没有重大的差异。

我们再进一步假设，正常情况下每个人都是风险规避者。用效用的术语来说，这意味着收入对于大家的边际效用都是递减的。对于大多数人生命中的大部分事情来说，这一假设可能都是合理的，但是，赌博的存在却表明这种观点并不完全适用。风险规避假设的意思是，如果让一个人在一个给定均值为 $m$ 的收入的可能分布和确定收入 $m$ 之间做出选择的话，他会偏好后者。因此，假设有一个代理机构，一家大保险公司，或者政府，站出来准备按照风险精算的结果为医疗成本提供保险（也就是说，如果医疗保健的成本是一个均值为 $m$ 的随机变量，那么保险公司将收取一个保险费 $m$，而且同意赔偿个人的所有医疗成本），那么在这样的情况下，个人当然偏好于购买一份保险单，并且可以获得福利收益。

这样做能产生社会收益吗？如果保险代理商不遭受社会福利的损失，那么显然是的。在不同个人的医疗风险基本上独立的假设条件下，把它们都集中到保险公司身上，将在一定程度上降低风险。在数量极限大情况下，即使假设保险公司也是风险规避的，他们的福利损失也将消失，从而产生相当大的净社会收益。当然，投保在事实上不可能无限大，投保的人数总是有限的，而且由于流行病之类的原因，风险之间还可能存在一些相互依赖的关系。但是，收取稍微高于精算水平的保险费，可能就足以抵消这种福利损失。如果从个人的角度来看，相对于自己承担风险来说，他严格偏好于一个按精算结果收费的保险单，那么，即使保险单的费用不是严格等于精算的结果，但还不算太不公平，则他依然有可能购买。

保险公司除了一定程度的风险规避费用以外，还有其他因素导致它们需要收取额外的保险费（也就是说超出精算结果之外的超额费用）。保险涉及管理成本。而且，由于赔付的不规则性，可能有一个资本占用成本。设想一个简单的例子，保险公司并不愿意销售消费者需要的任何保险单，除非在超出精算结果的保险费之外再加收一个固定百分比的费用。那么，从消费者个人的角度出发，最受欢迎的保险单就应该是带有免赔款的保险；也就是说，保险公司只100%负责所有超过某一固定金额限制的医疗损失。然而，如果保险公司也有一些程度的风险规避的需要，那么它所加收的保费也要依赖于风险不确定的程度。在这种情况下，符合帕累托最优的保险单将采用共保的形式，如，保险公司对于超出某个固定金额的损失的赔付将是低于100%的一个份额（对于这些论述的证明，请看附录）。

这样的结果也可以运用于我们假设的对未能痊愈的治疗提供保险的情况。为了简单化，我们假设未能恢复的成本纯粹从货币成本的角度来考虑，例如损失了创造收入的机会，或者更一般地说，等同于由于不能痊愈所带来的所有不满意的货币。进一步假设，假定一个人生病了，医疗保健所产生的期望价值大于它的成本；也就是说，由于医疗帮助带来的身体痊愈所能产生的期望的货币价值，将大于用于医疗帮助的成本。然而，对于普通的病患而言，能否痊愈却是不确定的；在没有保险的情况下，一个风险规避者可能不愿意购买医疗保健，免得造成自己未来的贫困。因此，如果存在一个适当的保险，让患者在没有康复的情况下不需要支付治疗费用，那么由于总体的期望价值比成本高，就会产生净的社会收益。①

### C. 保险所遇到的问题

1. 道德风险。对于各种类型的保险而言，它们都能带来福利的增加。也就是说，假如市场由于各种原因无法提供保险，那么政府就应该承担保险的责任。尽管如此，保险的使用在实践中却有许多重要的限制。理解它们是很重要的，但是我并不相信，这些限制能够阻挠我们创造出比现存的保险单种类更丰富得多的保险市场。

在关于保险的研究中，人们已经大量强调过保险对激励的影响。保险所要承保的意外应该是投保人自己无法控制事件。不幸的是，在现实生活中，这种分离可能并不完美。某人的房子或者商场是否发生火灾在很大程度上可能不是当事人所能控制的，但是，火灾出现的可能性多少却与当事人是否小心在意有关，而且在极端的情况下，也存在故意纵火的可能。类似地，在医疗保险中，医疗保健的

① 一个流行的观点认为，中国人曾一度在身体好的时候而不是在得病的时候向医生付费。

成本并不完全是由个人遭受的疾病决定，还依赖于医生的选择和使用某些医疗服务的意愿。我们已经可以看到，大范围的医疗保险增加了人们对医疗保健的需求。于是，许多医疗保险已经采用了共保的办法，以应付这种情况，帮助保险公司规避风险。

在一定程度上，医生和病人之间的职业关系限制了在各种形式的医疗保险中发生的道德风险。医生需要给病人介绍进行特定治疗的必要性，以及不进行可能导致的后果，此时他充当了保险公司利益的控制代理人。不用说，这不是一个完美的核查机制。因为医生本身并不受任何控制，他们如果要开具更多的昂贵药品、私人护理、频繁的治疗和其他各种服务是非常方便的，他们的病人也往往表示欢迎。住院和手术有可能比一般的治疗行为更容易受到他人的监督，因此不太容易产生道德风险，这也可能是为什么保险服务在那些领域的应用更加广泛的原因。

2. 保险赔付的替代办法。有趣的是，至少已经产生了三种不同的医疗保健费用的赔付方法：预付、依据一个固定方案的赔偿、对任何可能发生的费用的保险。在预付计划中，保险实际上是用以货代款的方式支付——即直接提供的医疗服务。另外两种形式都涉及给获益方支付现金，在第一种情况下，某个医疗服务涉及的赔付数量在事先确定，而在后一种情况下，保险人将支付所有发生的费用，当然，免赔额和共保之类的条款依然适用。

在完美市场的假设下，这三种形式的保险是等同的。不论是以得到固定的赔偿数额，还是以市场价格支付服务，或者预付之后得到免费服务，事实上，规定的赔偿都等于服务的市场价格，投保人得到的价值都相同。当然，赔偿全部费用的保险和预付计划都不仅对医疗服务的不确定性提供了保险，还对医疗服务价格的不确定性提供了保险。而且，预付计划对医生进行了补偿，因而不可避免地与固定的医疗渠道捆绑在了一起，与那些严格提供保险服务的方式相比，在预付计划下，病人对医生的选择自由更小。我们这些论述是尝试性的，各种不同的保险方式为什么能在市场上共存，应该是一个富有前途的研究领域。

3. 赔付的第三方控制。在那些主要医疗保险方案中，医生拥有最大的控制力，上面提到的由医生控制道德风险所带来的问题也最为突出。这种保险形式的支出上升非常明显。在预付计划中，由于保险和医疗服务由相同的群体提供，因此，将医疗成本控制在一个最低点的激励最强。在蓝十字计划中，投保人和医疗服务供给者、特别是医院之间则存在一种利益冲突。

第三方控制的必要性由于另外一个方面的道德风险而

更加强化。保险可能会削弱投保人、病人以及医生寻找更好、更廉价的医院和医疗服务的动力。因此，市场力量可能被直接的机构控制所取代。

4. 管理成本。在 B 部分描绘的纯粹保险理论忽略了一个非常重要的问题：经营一家保险公司的成本。这里有几种经营成本，但是最重要的包括经济学术语中常用的销售成本，即佣金和购置成本。这不仅意味着保险的销售价格将远远高于其精算得出的价格，也意味着不同的保险之间存在巨大的价格差别。可以显著地观察到，在 1958 年保险公司提供的健康保险中，各种管理费用的支出占了个人保险全部保费收入的 51.6%，而在集体保险项目中这些费用只占 9.5%（Somers and Somers，1961，表 14-1，第 272 页）。这种明显的差异似乎意味着，保险的提供，除了风险覆盖的范围之外，还具有很大的规模经济的特点。显然，这个结论支持提供大范围的保险计划，特别是实行强制保险。

5. 预测与保险。很清楚，从风险规避的观点来看，保险对象风险的不确定性越大，保险越有价值。这个结论常常被用于说明，相对于其他形式的医疗服务而言，住院和手术更需要保险。然而这种假设受到了安德森等人（O. W. Anderson et al.，1957，第 53—54 页）的挑战。他们声称，在住院外发生的治疗费用的不确定性和住院内发生的治疗费用一样大。事实上他们发现的是，治疗费用出现超过200美元的可能性对于两种分类来说是相同的，但是这当然不是一种正确的关于不确定性的衡量方法，而且从这些证据来看，普通医疗服务的平均成本的变动幅度明显更低。例如对于伯明翰这个城市来说，人均的普通医疗费用开支为20美元，人均的外科手术支出是7美元，但是，对于那些接受了外科手术的人来说，平均的支出是99美元，而那些接受了普通医疗服务的人的平均支出只有36美元。82%的受访者没有接受过外科手术，而且仅仅有20%的人没有普通医疗费用的支出（O. W. Anderson et al.，表A–13、表A–18和表A–19，分别在第72页、第77页和第79页）。

可预测性的问题尤其表明，保险在慢性疾病和妇产科方面所具有的意义。如果采用终身保险的形式，那么对慢性疾病提供保险是很有意义的，因为这些疾病的发生高度不可预测，而成本又极其高昂。相反，对于已经患有慢性病或者具有某些症状的人而言，严格来说保险已经失去了意义。

6. 不对等风险的分担。理论上说，从社会福利的角度出发，保险需要采取最大可能的风险歧视政策，对那些疾病高发群体应收取较高保险费。然而在事实上却存在一种保险费趋同而不是差异化的倾向，特别是在蓝十字和类似的普遍参与的保险计划中，结果形成一种从疾病的低发人群向高发人群的收入再分配。当然，如果市场真正是竞争性的，这种再分配就不能维持下去。在竞争性的环境中将出现歧视性地收取保费并进行筛选的保险计划，而那些不实行歧视政策的保险计划将面临逆向选择的困扰。

正如我们在讨论收入再分配时看到的情况那样，这种非歧视性的政策可以被作为一种时间跨度更长的保险。实际上，如果一个保险计划在对每个人计算保险费的时候，是根据全社会的样本来计算，而不是根据这个人所在的子群体的样本来算，那就等于为每个人提供了另外一层保险，也就是对他的基本健康状况的重大变化投了保，因为这种健康状况的重大变化将导致他所属的子群体进行重新划分。这与终生人寿保险中使用的平均保险费的做法是一致的，而不是像定期人寿保险那样，根据年龄的变化来收取不同的保险费。

7. 保险覆盖的范围与缺口。我们可能很容易就能注意到，到目前为止，对医疗保健费用的保险覆盖还是很不普遍的。某些特定群体——失业者、老年人以及因为某些制度原因排斥的人——几乎都没有被覆盖。在总的医疗费用支出中，只有1/5～1/4是由保险负担。然而也应该注意到，超过一半以上的住院费用支出和近35%的每年在1 000美元以上的普通医疗费用开支，是由保险所负担的（Somers and Somers，1961，第376页）。因而，在不确定性比较大的那部分医疗支出中，保险所覆盖的范围要好于整体数据显示的覆盖范围。但是，我们必须认识到，保险机制仍然远远没有达到它可能达到的全部覆盖范围。

### D. 治疗效果的不确定性

1. 对于一个已经患病的人来说，有两个主要的不确定性。首先是他对医疗效果的不确定，其次是他自己的不确定性与他的医生所判断的不确定性可能大不相同，因为医生所掌握的医疗知识与病人可能有巨大差异。

2. 理想的保险。针对病人无法从医疗保健中获益的情况，有必要提供保险的服务，这里的收益包括康复、痛苦的减轻或者防止病情进一步恶化。我们可以考虑这样一种保险，对医生支付的费用将根据病人获得的收益的程度来做出，这样，风险将从病人那里转移到医生身上，而医生显然有风险规避的倾向，因此，保险承保人可以通过与医生签订合同或者与潜在的病人签订合同来分担其中的风险。在理想的保险的条件下，一旦考虑到概率之后的期望治疗效用超过期望的医疗成本，那么有关的治疗都将得到实施。所以这样会得到一个经济上最优的结果。如果我们主要根据损失的工作时间来衡量无法痊愈所导致的成本，那么在事实上，这样的保险方案也能使按照一般经济标准衡量的社会福利获得最大化。

3. 信任和委托的概念。在不存在理想保险的情况下，会产生一些提供某种替代保证的机构。在理想的保险条件下，病人可能并不关心他自己和医生之间的信息不对称问题，因为他仅按照治疗的结果来进行支付，而且事实上他的效用也完全获得了保证。在没有理想保险的情况下，病人则希望医生至少要保证利用自己的全部知识来服务。这就需要建立一种信任关系，即医生不能辜负某种社会责任。既然至少在病人看来，他所知道的信息不可能和医生一样多，因此他就不能确保自己得到的治疗标准是最好的。那么在一定程度上，病人会采用对医生普遍信任的态度取代自己的直接观察。[①] 换种方式来讲，医生进行最好的治疗这种社会责任是医生销售的商品的一部分，但是购买者无法进行完全检查。

这种信用关系的一种结果是，医生不能每时每刻都表现出最大化自己收入的目的。医生要尽可能地表达他有意从买者的利益出发的信号，避免出现明显的利润最大化的

① Fracis Bator 向我指出，以一定的价格获得更多的医学鉴定，可以得到某种保护。

特征。那种完全寸土必争的讨价还价的行为，不从逻辑上讲，而从心理角度讲，是与信用关系不相容的。从这些特殊的关系中产生了上面讨论到的不同形式的道德行为，并且由此我认为利润最大化对医院来说不是最重要的。“利润”这个词本身就是一个违背信任关系的信号。

价格歧视及其极端形式：对穷人提供免费治疗，也随之而生。如果医生的责任首先被理解为对病人福利的关注，那财务方面的困难当然要放在后面。

作为医生和病人之间信息不对称以及缺乏合适的保险的第二种结果，病人必须将他的许多选择自由委托给医生。他没有做出进行治疗、转诊或住院的决策的知识。为了证明这种委托的合理性，医生会发现自身也会受到限制，就像类似情况下任何代理人一样。要避免成为一个真正的代理人，最安全的途径就是遵循当时社会上普遍认为的“最好的”治疗方案。即使是为了节省病人的金钱，而在治疗质量上打了折扣，也会冒违背社会约束的罪名的风险。

医生（以及类似的职业，如牧师）的特殊的信用关系会延伸到第三方，使得医生对于疾病和损伤的证明会被普遍认为是相当可靠的（见上文第二部分第B小节）。所有这些假设的可靠的信息资源，对于相关者而言具有显而易见的社会价值。

注意这里的一般原则。由于存在信息流动的障碍和没有承保风险的市场，买卖之间的协调必须通过收敛的期望来实现，这些协调会因出现清楚而显著的信号而获得极大的帮助，并且反过来，这些协调会对行为模式产生影响，导致出现一些就其本身来说并不必然具有最优结果的行为。①

4. 许可证和教育标准。委托和代理是为消除信息不对称而设计的各种社会制度。医疗服务中普遍存在的不确定性会受到严格的从业条件的控制，设计这种从业资格是为了在尽可能的范围内减少消费者心中对产品质量的不确定性。② 我认为尽管这可能是最天真的一种解释，却比任何一种医生通过垄断来寻求增加收入的观点更站得住脚。毫无疑问，从已从业的医生的角度来看进入的限制是有利的，但从业资格的公众压力一定来自更深层的原因。

然而，社会对质量保障的需要可由多种途径满足。一般来说，国家和其他社会机构至少可以对职业资格或商品生产采取如下三种做法，而且也存在各自的实例：（1）职

① 这种状况很容易让人想起谢林的默会博弈（tacit games）理论中焦点（focal point）的关键作用，在默会博弈中，两个当事人必须在没有沟通的情况下找到一个共同的行动方向（参见 Parsons，1951，尤其是第 225 页以后的内容）。

② 他们如何能够很好地达到这个目标是另外的事。凯塞尔向我指出，从业资格只能保证培训，但是不能够根据医疗技术的变化确保好的医疗服务能够持续。

业资格需要获得许可，不合格的人将被排斥在外。执业许可可以比目前的从医资格更为复杂，例如特别允许某些人从事某些种类的医疗活动。的确，目前采用的普通从医资格的做法容易受到批评，人们会认为这样的办法过分忽略需要专业技巧的复杂医疗技术，而过分强调更为一般的基本医疗技术。当然，分类许可的做法实施起来比较困难。我们可以像对待食品那样进行分类，把危险品排除掉，允许采用的也要分为动物用或者人用。（2）由非排外的政府或者其他代理机构认证和登记。目前，人们正在讨论对心理医生进行分类的问题；罐装食品也被分为各种等级。认证工作可由非政府机构承担，如医疗委员会对专家的审核那样。（3）根本什么都不做，由消费者自己做决定。

在任何给定情况下，究竟采取以上哪种替代方案，要依赖于消费者自我做选择的困难程度和判断错误的后果。显然，在社会舆论中，对医药采取自由放任的做法是无法容忍的。认证的提议则似乎从未被认真讨论过。讨论这些提议的细节超出了本文的范围。我只是想简单地指出，这些建议应该根据减轻病人关于他购买的商品质量的不确定性的能力来判断，而且从业资格的限制显然是未能设计出一套保险制度的结果。在这套制度中，对于医疗知识和技能的缺乏所产生的风险应该主要由病人来承担，而不是医生。

# 后　记

在此我想反复强调的是上面一些地方已经提到的结论：由于市场无法应对某些风险，导致产生了许多社会制度的安排，它们在不同程度上似乎违背了市场的一般假设。医疗职业仅是其中的一例，尽管在许多方面是一种极端的例子，所有的职业都有一些相同的性质。个人关系，特别是家庭关系在经济上的重要性，尽管有所下降，但即使对于最发达的国家而言也绝非小事。这些非市场关系可以为人们的许多行为创造保证，离开它们，那些行为将出现更多的不确定性。这方面还可以给出许多其他的例子。对于不确定性条件下的理想竞争行为的逻辑和限制的研究，可以帮助我们认识到，现实中的价格体系所支撑的市场有哪些不完善的地方。

（南京大学经济学系　高彦彦　李　伟　译）

## 参考文献

1. A. A. Alchian, K. J. Arrow, and W. M. Capron, *An Economic Analysis of the Market for Scientists and Engineers*, RAND RM-2190-RC. Santa Monica 1958.
2. M. Allais, "Géneralisation des théories de l'équilibre économique général et du rendement social au cas du risque," in Centre National de la Recherche Scientifique, *Econometrie*, Paris 1953, pp. 1–20.
3. O. W. Anderson and Staff of the National Opinion Research Center, *Voluntary Health Insurance in Two Cities*. Cambridge, Mass. 1957.
4. K. J. Arrow, "Economic Welfare and the Allocation of Resources for Invention," in Nat. Bur. Econ. Research, *The Role and Direction of Inventive Activity: Economic and Social Factors*, Princeton 1962, pp. 609–25.
5. ———, "Les rôle des valeurs boursières pour la répartition la meilleure des risques," in Centre National de la Recherche Scientifique, *Econometrie*, Paris 1953, pp. 41–46.
6. F. M. Bator, "The Anatomy of Market Failure," *Quart. Jour. Econ. Aug*. 1958, *72*, 351–79.
7. E. Baudier, "L'introduction du temps dans la théorie de l'équilibre général," *Les Cahiers Economiques*, Dec. 1959, 9–16.
8. W. J. Baumol, *Welfare Economics and the Theory of the State*. Cambridge, Mass. 1952.
9. K. Borch, "The Safety Loading of Reinsurance Premiums," *Skandinavisk Aktuariehdskrift*, 1960, pp. 163–84.
10. J. M. Buchanan and G. Tullock, *The Calculus of Consent*. Ann Arbor 1962.
11. G. Debreu, "Une économique de l'incertain," *Economie Appliquée*, 1960, *13*, 111–16.

12. ———, *Theory of Values*. New York 1959.
13. R. Dubos, "Medical Utopias," *Daedalus*, 1959, 88, 410–24.
14. M. G. Field, *Doctor and Patient in Soviet Russia*. Cambridge, Mass. 1957.
15. Milton Friedman, "The Methodology of Positive Economics," in *Essays in Positive Economics*, Chicago 1953, pp. 3–43.
16. ——— and S. S. Kuznets, *Income from Independent Professional Practice*. Nat. Bur. Econ. Research, New York 1945.
17. R. A. Kessel, "Price Discrimination in Medicine," *Jour. Law and Econ.*, 1958, *1*, 20–53.
18. T. C. Koopmans, "Allocation of Resources and the Price System," in *Three Essays on the State of Economic Science*, New York 1957, pp. 1–120.
19. I. M. D. Little, *A Critique of Welfare Economics*. Oxford 1950.
20. Selma Mushkin, "Towards a Definition of Health Economics," *Public Health Reports*, 1958, *73*, 785–93.
21. R. R. Nelson, "The Simple Economics of Basic Scientific Research," *Jour. Pol. Econ.*, June 1959, *67*, 297–306.
22. T. Parsons, The Social System. Glencoe 1951.
23. M. J. Peck and F. M. Scherer, *The Weapons Acquisition Process: An Economic Analysis*. Div. of Research, Graduate School of Business, Harvard University, Boston 1962.
24. T. C. Schelling, *The Strategy of Conflict*. Cambridge, Mass. 1960.
25. A. K. Shapiro, "A Contribution to a History of the Placebo Effect," *Behavioral Science*, 1960, *5*, 109–35.
26. H. M. Somers and A. R. Somers, *Doctors, Patients, and Health Insurance*. The Brookings Institution, Washington 1961.
27. C. L. Stevenson, *Ethics and Language*. New Haven 1945.
28. U. S. Department of Health, Education and Welfare, *Physicians for a Growing America*, Public Health Service Publication No. 709, Oct. 1959.

## 附录　最优保险单

上面第四部分B断言的关于最优保险单性质的两个命题证明如下。

**命题1**　如果一家保险公司愿意以一个仅依赖精算价值的保险费对投保人的损失提供任何保险单，那么风险规避的投保人选择的保险单将采取如下形式：对最低免赔额之外的损失实行100%保险。

**注释：**一般来说，保险费将超过精算价值；这就要求对于精算价值相同的两种保险单，企业将按照相同的保险费提供。

**证明：**记$W$为个人的初始财富，$X$是他的损失，为一随机变量，$I(X)$是指发生损失$X$时的保险赔付额，$P$是保险费，$Y(X)$是支付保险费、发生损失和获得保险金（insurance benefit）后的个人财富。

$$Y(X)=W-P-X+I(X)。\tag{1}$$

个人通过他的最终财富水平$Y(X)$的期望效用来评价替代保险单。用$U(y)$作为最终财富$y$的效用；那么他的目标是最大化

$$E\{U[y(X)]\},\tag{2}$$

其中，符号$E$代表数学期望。

保险金当然是非负的，因此保险单必须满足如下条件：

$$对于所有X，I(X)\geqslant 0。\qquad (3)$$

如果一份保险单是最优的，它必须在标准（2）的意义上比相同的精算期望 $E\{I(X)\}$ 的任何其他保险单要好。考虑一份这样的保险单：在损失水平为 $X_1$ 时它要支付正的保险金，但它允许在其他风险水平，如 $X_2$ 时的最终财富低于对应的损失为 $X_1$ 时的财富水平。那么，直觉上讲，既然风险规避意味着当 $Y(X)$ 较小时 $Y(X)$ 的边际效用较大，风险规避者可能偏好一种有相同精算价值的替代保险单，它可能为 $X_1$ 附近的损失提供稍少的保护，并为 $X_2$ 附近的那些损失提供稍多的保护，因此，原来的保险单不是最优的。

为了正式地证明这一点，用 $I_1(X)$ 表示原来的保险单，$I_1(X)>0$ 而且 $Y_1(X_1)>Y_2(X_2)$，其中，$Y_1(X)$ 通过（$I$）根据 $I_1(X)$ 定义。选择一个足够小的 $\delta$，于是，

$$当X_1\leqslant X\leqslant X_1+\delta时，I_1(X)>0 \qquad (4)$$

$$当X_2\leqslant X'\leqslant X_2+\delta，X_1\leqslant X\leqslant X_1+\delta时，Y_1(X')<Y_1(X) \qquad (5)$$

（如果函数 $I_1(X)$，$Y_1(X)$ 是连续的，$\delta$ 的这种选择是可能的，我们可以证明这对最优保险单来说也是成立的，因此仅需考虑这种情况。）

以 $\pi_1$ 表示损失 $X$ 在区间 $[X_1,X_1+\delta]$ 的概率，$\pi_2$ 表示 $X$ 在区间 $[X_2,X_2+\delta]$ 的概率。从（4）式和（5）式

我们选择足够小的 $\varepsilon>0$，于是，

$$当\ X_1 \leqslant X \leqslant X_1+\delta\ 时，I_1(X)-\pi_2\varepsilon \geqslant 0 \tag{6}$$

$$当\ X_2 \leqslant X' \leqslant X_2+\delta,\ X_1 \leqslant X \leqslant X_1+\delta\ 时，$$
$$Y_1(X')+\pi_1\varepsilon < Y_1(X)-\pi_2\varepsilon \tag{7}$$

现在定义一份新的保险单，$I_2(X)$，除了在区间 $X_1$ 到 $X_1+\delta$ 上比 $I_1(X)$ 小 $\pi_2\varepsilon$，在区间 $X_2$ 到 $X_2+\delta$ 上，比 $I_1(X)$ 大 $\pi_1\varepsilon$，其他都与 $I_1(X)$ 相同。由（6）式得到，$I_2(X)$ 总是大于或等于0，所以（3）式得到满足。我们将显示 $E[I_1(X)]=E[I_2(X)]$ 而且 $I_2(X)$ 产生较高的期望效用，以致 $I_1(X)$ 不是最优的。

请注意，当 $X_1 \leqslant X \leqslant X_1+\delta$ 时，$I_2(X)-I_1(X)=-\pi_2\varepsilon$；当 $X_2 \leqslant X \leqslant X_2+\delta$ 时，$I_2(X)-I_1(X)=\pi_1\varepsilon$；在其他情形中，$I_2(X)-I_1(X)=0$。用 $\varphi(X)$ 表示随机变量 $X$ 的密度。那么，

$$\begin{aligned}
E[I_2(X)-I_1(X)] &= \int_{X_1}^{X_1+\delta}[I_2(X)-I_1(X)]\varphi(X)dX + \\
&\quad \int_{X_2}^{X_2+\delta}[I_2(X)-I_1(X)]dX \\
&= (-\pi_2\varepsilon)\int_{X_1}^{X_1+\delta}\varphi(X)dX + \\
&\quad (\pi_1\varepsilon)\int_{X_2}^{X_2+\delta}\varphi(X)dX \\
&= -(\pi_2\varepsilon)\pi_1 + (\pi_1\varepsilon)\pi_2 \\
&= 0,
\end{aligned}$$

所以这两种保险单具有相同的精算价值。而且根据假设，有相同的保险费。

由（I）根据 $I_2(X)$ 定义 $Y_2(X)$。那么，$Y_2(X)-Y_1(X)=I_2(X)-I_1(X)$。由（7）式得到，

当 $X_2 \leqslant X' \leqslant X_2+\delta$，$X_1 \leqslant X \leqslant X_1+\delta$ 时，

$$Y_1(X') < Y_2(X') < Y_2(X) < Y_1(X) \qquad (8)$$

既然 $Y_1(X)-Y_2(X)=0$ 在区间 $[X_1, X_1+\delta]$ 和区间 $[X_2, X_2+\delta]$ 之外，我们可以写出，

$$\begin{aligned} & E\{U[Y_2(X)]-U[Y_1(X)]\} \\ & =\int_{X_1}^{X_1+\delta}\{U[Y_2(X)]-U[Y_1(X)]\}\varphi(X)dX+ \\ & \int_{X_2}^{X_2+\delta}\{U[Y_2(X)]-U[Y_1(X)]\}\varphi(X)dX。 \end{aligned} \qquad (9)$$

根据中位值定理，对于任何给定的 $X$ 值，

$$\begin{aligned} & U[Y_2(X)]-U[Y_1(X)] \\ & =U'[Y(X)][Y_2(X)-Y_1(X)] \\ & =U'[Y(X)][I_2(X)-I_1(X)], \end{aligned} \qquad (10)$$

其中 $Y(X)$ 处于 $Y_1(X)$ 和 $Y_2(X)$ 之间。由（8）式得到，

当 $X_2 \leqslant X' \leqslant X_2+\delta$，$X_1 \leqslant X \leqslant X_1+\delta$ 时，$Y(X') < Y(X)$。而且，既然对于风险规避者来说，$U'(y)$ 是 $y$ 的递减函数，

$$U'[Y(X')] > U'[Y(X)]$$

或者，对于某数 $u$，相当于

$$\text{当}\begin{matrix} X_2 \leqslant X' \leqslant X_2 + \delta \\ X_1 \leqslant X \leqslant X_1 + \delta \end{matrix}\text{时，}\begin{matrix} U'[Y(X')] > u \\ U'[Y(X)] < u \end{matrix} \tag{11}$$

现在将（10）式代入（9）式，得

$$E\{U[Y_2(X)] - U[Y_1(X)]\} = -\pi_2\varepsilon\int_{X_1}^{X_1+\delta} U'[Y(X)]\varphi(X)dX + \pi_1\varepsilon\int_{X_2}^{X_2+\delta} U'[Y(X)]\varphi(X)dX。$$

由（11）式得到，

$$E\{U[Y_2(X)] - U[Y_1(X)]\} > -\pi_2\varepsilon u\pi_1 + \pi_1\varepsilon u\pi_2 = 0,$$

因此，第二种保险单更好。

由此证明，对于某个 $X_1$ 和 $X_2$，如果 $I(X_1) > 0$，$Y(X_1) > Y(X_2)$，保险单就不是最优的。这也可以换一种形式：记 $Y_{min}$ 为 $Y(X)$ 在最优保险单时的最小值；然后我们必有 $I(X) = 0$，若 $Y(X) > Y_{min}$。换句话说，设定一个最小的最终财富水平，如果损失不会使财富低于这一水平，就无须赔付，但是，损失使财富水平低于这一水平，赔付金应足以使最终财富水平达到规定的最小值。当然，这就精确地描述了对免赔额以外的损失实行100%的保险。

我们转入第二个命题。现在假设保险公司和投保人都是风险规避者，但是止损范围之外的管理或者其他成本没有被覆盖。

**命题2** 投保人和保险公司都是风险规避者，而且除了损失成本外无其他成本，那么任何非平凡的帕累托最优保险单 $I(X)$，作为损失 $X$ 的一个函数，必须具有 $0 < dI/dX < 1$ 这样的性质。

也就是说，保险公司对新增的损失只负责部分赔付而不是全部赔付；这种方法就是众所周知的共同保险。命题2归功于博尔奇（Borch，9，Sec. 2）；我们在此给出较为简单的证明。

**证明：**记 $U(y)$ 投保人的效用函数，$V(z)$ 是保险公司的效用函数。用 $W_0$ 和 $W_1$ 分别表示两者的初始财富。在这种情况下，我们用 $I(X)$ 表示低于保险费的保险金；对于当前的目的，这是唯一重要的数量（因为保险费独立于 $X$，这种定义不改变 $dI/dX$ 的值）。投保人和保险公司的最终财富水平分别为：

$$\begin{aligned} Y(X) &= W_0 - X + I(X), \\ Z(X) &= W_1 - I(X)。 \end{aligned} \tag{12}$$

于是，任何给定的保险单定义了期望效用，对于投保人和保险公司来说分别为，$u = E\{U[Y(X)]\}$ 和 $v = E\{V[Z(X)]\}$。如果我们绘出考虑所有可能保险单的点 $(u, v)$，那么，期望效用的可能性集有一个向右上方凸起的边界。为了说明这一点，用 $I_1(X)$ 和 $I_2(X)$ 表示两种保险单，并且让 $(u_1, v_1)$ 和 $(u_2, v_2)$ 表示两维期望效用可能性集的对应

点。第三种保险单，$I(X)$，定义为两种给定保险单的平均值，

$$I(X) = (1/2)\, I_1(X) + (1/2)\, I_2(X),$$

对于每个 $X$。如果 $Y(X)$、$Y_1(X)$ 和 $Y_2(X)$ 是投保人的最终财富水平，而且 $Z(X)$、$Z_1(X)$ 和 $Z_2(X)$ 分别是保险公司对于 $I(X)$、$I_1(X)$ 和 $I_2(X)$ 这三种保险单的最终财富水平，则有

$$Y(X) = (1/2)\, Y_1(X) + (1/2)\, Y_2(X),$$

$$Z(X) = (1/2)\, Z_1(X) + (1/2)\, Z_2(X),$$

而且，由于双方都有递减的边际效用，

$$U[Y(X)] \geqslant (1/2)\, U[Y_1(X)] + (1/2)\, U[Y_2(X)],$$

$$V[Z(X)] \geqslant (1/2)\, V[Z_1(X)] + (1/2)\, V[Z_2(X)]。$$

既然这些论述对于所有的 $X$ 都成立，取期望值时它们也成立。因此，在期望效用可能性集中，有一点 $(u, v)$ 使 $u \geqslant (1/2)\, u_1 + (1/2)\, u_2$，$v \geqslant (1/2)\, v_1 + (1/2)\, v_2$。既然这一论点对期望效用可能性集中的每一对点 $(u_1, y_1)$ 和 $(u_2, v_2)$ 都成立，尤其是对右上方边界上的各对点都成立，那么，期望效用可能性集的边界一定向右上方凸起。

由此，那么任何给定的帕累托最优点（如，右上方边界上的任何点）可由最大化线性函数 $\alpha u + \beta v$ 获得，对于这个期望效用可能性集来说，$\alpha$ 和 $\beta$ 非负而且至少一个为正。

换句话说，一份帕累托最优的保险单，$I(X)$，也是一份最大化以下函数的保单：

对于某些 $\alpha \geqslant 0$，$\beta \geqslant 0$，$\alpha > 0$ 或 $\beta > 0$，

$\alpha E\{U[Y(X)]\} + \beta E\{V[Z(X)]\} = E\{\alpha U[Y(X)] + \beta V[Z(X)]\}$。

为了最大化这一期望效用函数，显然只要使对于每个 $X$，

$$\alpha U[Y(X)] + \beta V[Z(X)] \tag{13}$$

相对于 $I(X)$ 最大化。对于给定的 $X$，由（12）式可得，

$dY(X)/dI(X) = 1$，$dZ(X)/dI(X) = -1$，

那么对（13）式求导，得到 $I(X)$ 是如下等式的解，

$$\alpha U'[Y(X)] - \beta V'[Z(X)] = 0。\tag{14}$$

当 $\alpha = 0$ 或者 $\beta = 0$ 时，显然会有平凡解（一方向另一方移交他的所有财富），因此，我们假设 $\alpha > 0$，$\beta > 0$。现在对（14）式对 X 求导，并使用（12）式得到的关系，

$dY/dX = (dI/dX) - 1$，$dZ/dX = -(dI/dX)$。

$\alpha U''[Y(X)][(dI/dX) - 1] + \beta V''[Z(X)](dI/dX) = 0$，

或者，

$dI/dX = \alpha U''[Y(X)]/\{\alpha U''[Y(X)] + \beta V''[Z(X)]\}$。

根据双方均是风险规避者的假设，$U''[Y(X)] < 0$，$V''[Z(X)] < 0$，那么，命题 2 成立。

# 本书的贡献者简介

肯尼斯·阿罗（Kenneth J. Arrow）：诺贝尔经济学奖获得者，斯坦福大学名誉教授。因其对经济学一般均衡理论和福利经济学理论的开创性贡献，于1972年获得“诺贝尔经济学奖”。曾在考尔斯经济学研究委员会、芝加哥大学、哈佛大学以及斯坦福大学任职。除了社会选择理论外，他的研究主要集中于一般均衡理论。正是他的开创性研究带来了一般均衡理论的深刻转变。在他的带动下，经济学界打开了这一研究领域的新路径，并对新理论的产生做出了重大贡献。

艾米·芬克尔斯坦（Amy Finkelstein）：麻省理工学院经济学福特讲座教授。同时，她也是美国国民经济研究局公共经济学项目联合主任，《公共经济学杂志》（*Journal of*

*Public Economics*）主编，美国医学研究所成员，美国人文与科学院院士，以及计量经济学会会士。芬克尔斯坦于1995年在哈佛大学获最高荣誉的文学士学位（AB summa cum laude），1997年作为马歇尔学者在牛津大学获研究型硕士学位，2001年在麻省理工学院获经济学博士学位。在2005年成为麻省理工学院教员之前，她是哈佛大学研究员协会的初级研究员。她载誉颇多，获得约翰·贝茨·克拉克奖（2012）、美国科学家及工程师早期职业总统奖（2009）、美国经济学会伊莱恩·贝内特研究奖（2008）、斯隆研究奖（2007）以及麻省理工学院研究生教学和指导奖等众多奖项。

乔纳森·格鲁伯（Jonathan Gruber）：麻省理工学院经济学教授。同时，他也是美国国民经济研究局卫生保健项目主管，《公共经济学杂志》（*Journal of Public Economics*）和《卫生经济学杂志》（*Journal of Health Economics*）副主编，美国经济学会执行委员会委员（2009年当选），美国医学研究所成员，美国人文与科学院院士，以及美国社会保险学会成员。他从麻省理工学院获得经济学学士学位，并从哈佛大学获得经济学博士学位。目前，已发表140多篇学术论文、编辑6本论文集，是主流本科教材《公共财政和公共政策》（*Public Finance and Public Policy*）以及漫画小说

《医疗改革》（*Health Care Reform*）的作者。2006 年，他获得美国卫生经济学家协会颁发的40 岁及40 岁以下最佳卫生经济学家的奖项。

约瑟夫·纽豪斯（Joseph P. Newhouse）：哈佛大学卫生政策与管理麦克阿瑟荣誉教授，哈佛大学肯尼迪学院、哈佛医学院、哈佛公共卫生学院以及哈佛文理学院教员。同时，他也是美国国民经济研究局副研究员，《卫生经济学杂志》（*Journal of Health Economics*）创始主编，美国医学研究所成员，以及美国人文与科学院院士。他分别于1963 年和1969 年获得哈佛大学经济学学士学位和博士学位。2014 年获得美国卫生经济学家协会颁发的维克托·福克斯（Victor Fuchs）终身成就奖。除此之外，他也是1983 年首位获得公共政策和管理协会大卫·克肖（David N. Kershaw）奖的经济学家，并于2001 年和2013 年两次获得阿罗优秀论文奖，这两篇文章分别是《管理式医疗是如何做的?》（*How Does Managed Care Do It*?）和《俄勒冈医疗保险实验》（*The Oregon Health Insurance Experiment*），后一篇文章也获得了 AcademyHealth 颁发的2013 年健康服务研究影响奖（HSR Impact Award）。

约瑟夫·斯蒂格利茨（Joseph E. Stiglitz）：1967 年从麻省理工学院获得博士学位，1970 年成为耶鲁大学教授，

1979 年获得约翰·贝茨·克拉克奖。他曾任教于普林斯顿大学、斯坦福大学和麻省理工学院，是牛津大学万灵学院德拉蒙德（Drummond）教授、研究员，现在是哥伦比亚大学教授、哥伦比亚大学全球思想委员会成员（前主席），也是哥伦比亚大学政策对话倡议组织的创始人和联席主席。2001 年，被授予诺贝尔经济学奖，以表彰他对信息不对称市场的分析。值得一提的是，他还是政府间气候变化专门委员会 1995 年报告的第一作者，并因此分享了 2007 年的诺贝尔和平奖。2011 年，美国《时代周刊》把他评为全球最有影响力的 100 人之一。